高等学校 探究時代のキャリア教育と教科学習のデザイン

「探究」の現在地とこれから

酒井淳平［編著］

JN240041

明治図書

はじめに

もし、すべての生徒が探究やキャリア教育を通じて自分の興味や目標を見つけ、そのビジョンを未来へつなげることができたらどうなるでしょうか。そんな教育が実現すれば、生徒たちは学びに積極的に参加し、自分の未来に自信をもつことは間違いありません。

こんな夢を抱きつつ、目の前には厳しい現実もあります。新学習指導要領が実施され、探究の重要性が強調されていますが、学校現場では手探りの状態で新しい教育課題に向き合っています。探究が本当に生徒たちの成長につながるのか、どのようにキャリア教育を各教科の授業に組み込めばよいのか、という問いに対する答えも見つかりにくい状況があるように思います。そんな中、私たちは何ができるのでしょうか?

これまで、学びに焦点を当てた『探究的な学びデザイン』、組織に焦点を当てた『探究が進む学校のつくり方』を刊行させていただきました。本書は過去2冊のテーマを含みつつ、「探究」「キャリア教育」「授業改善」というキーワードを基に、教育現場の「今」を見つめ、未来への展望を描くことを目指しています。

次の問いのどれか1つでも関心のある方は、ぜひ本書を手に取ってください。

・なぜ探究が重要なのかを説明できるようになりたい。
・探究とキャリア教育、授業改善がなぜ一緒に語られるのかを知りたい。
・総合的な探究の時間と教科、キャリア教育とのつながりを知りたい。
・振り返りや「キャリア・パスポート」の重要性を理解したい。
・教科する授業、真正な学びの追求について知りたい。
・探究やキャリア教育についての事例を、高校はもちろん、小学校や大学も含めて知りたい。
・教員以外の方がどのように学校教育に関われるのか知りたい。

これからの教育を考えたときに、「探究」と「キャリア教育」は、流行語ではなく、生徒たちが未来を切り拓くための重要な柱です。本書は、先生方はもちろん、教員とは違う形で学校に関わる方にも、こうした問いの答えを探るための道しるべとなることを目指して執筆しました。

序章では、学習指導要領に焦点を当てながら、「探究」と「キャリア教育」がどのように結びついているのかを明らかにし、その意義を解説しています。

第1章では、キャリア教育の「今までとこれから」に焦点を当てています。リクルートで長年キャリアガイダンスの編集長をされていた山下さんにも執筆していただき、キャリア教育の深化を考える内容となっています。

第2章では、「授業」に焦点を当てています。はじめに京都大学の石井英真先生に「探究時代の教科学習のビジョン」を執筆していただきました。それを基に、授業のこれから、探究的な授業づくり、授業改善について執筆しています。学校で生徒が最も多くの時間を費やしているのは授業で、学校は授業から変わります。本章を読むことで、どのようにして、探究的な学びを各教科の授業に組み込むことができるのかがイメージできるようになります。

第3章は事例です。各教科での取り組みに加えて、キャリア・パスポートの取り組み、小学校や大学の取り組み、外部専門職の方による取り組み、全国の高校生を集める取り組みがあります。第3章で、序章から2章までに書かれていることが、どのようにして具体的な実践になるのかを確認していただければと思います。

はじめに

本書は、高校の先生はもちろん、小・中学校の先生や、大学生、教員ではない形で学校に関わる方も読んでくださることを想定して執筆しています。探究学習とキャリア教育に取り組むすべての教育者にとって、日々の授業や学びの場に新たな視点とインスピレーションをもたらすことを目指しています。第３章の事例執筆者の顔ぶれからもそのことが伝われば幸いです。

気がつけば、現在の学習指導要領が高等学校で始まって3年が終わろうとし、次の学習指導要領作成に向けての動きも始まっています。そんな時期だからこそ、今の実践が未来をつくることは間違いありません。今の教育は過去の多くの方がつくってこられたものですが、これからの教育は私たちが創っていくものです。

本書をお読みいただいた方と一緒に、よりよい未来、よりよい教育が探究できればと思いますし、本書がその一助になれば幸いです。

２０２４年12月

酒井　淳平

CONTENTS

第1章 高等学校における探究時代のキャリア教育

第2章 探究時代の教科学習デザイン

第3章 探究とキャリア教育・教科学習をつなぐ実践事例

CASE 1 国語 学びを自分や社会とつなぎ、自己効力感を高める …… 104
福岡県立八女農業高等学校 平川裕美子

CASE 2 数学 「わからなさ」に向き合うことが探究・キャリア教育となる …… 114
文部科学省総合教育政策局地域学習推進課 吉岡拓也

CASE 3 英語を道具に、きっかけはいつもの日常から …… 124
京都府与謝野町教育委員会 大槻裕代

CASE 4 社会 古代オリエントに学校を創る ―探究で教育活動に横串を …… 134
西大和学園中学校・高等学校 梨子田喬

CASE 5 理科 探究活動支援及びその変遷 ―理科教員としての取り組み …… 144
崇城大学総合教育センター 溝上広樹

CASE 6 特別活動 「キャリア・パスポート」は自己実現の伴走者 …… 154
沖縄県立北中城高等学校 神谷百恵

CASE 7 キャリア教育コーディネーターの取り組み ―名古屋市のキャリア教育
名古屋市立高等学校キャリアナビゲーター 長谷川涼・A-sessions代表 上井 靖 …… 164

CASE 8 「つくりたい未来に向けて探究し続ける意欲」を育む全国高校生マイプロジェクト
認定特定非営利活動法人カタリバ 山田将平・横山和毅 …… 174

CASE 9 児童・教員・保護者全員が探究学習の主体者となる実践
立命館小学校 新澤津純輝・鷲見秋彦 …… 184

CASE 10 大学でのキャリア教育 ―学び続ける教師を目指す人のために
京都女子大学 村井尚子 …… 194

巻末座談会 **探究・キャリア教育のこれまでとこれから** …… 204

執筆者一覧 …… 222

序章

新学習指導要領と探究・キャリア教育

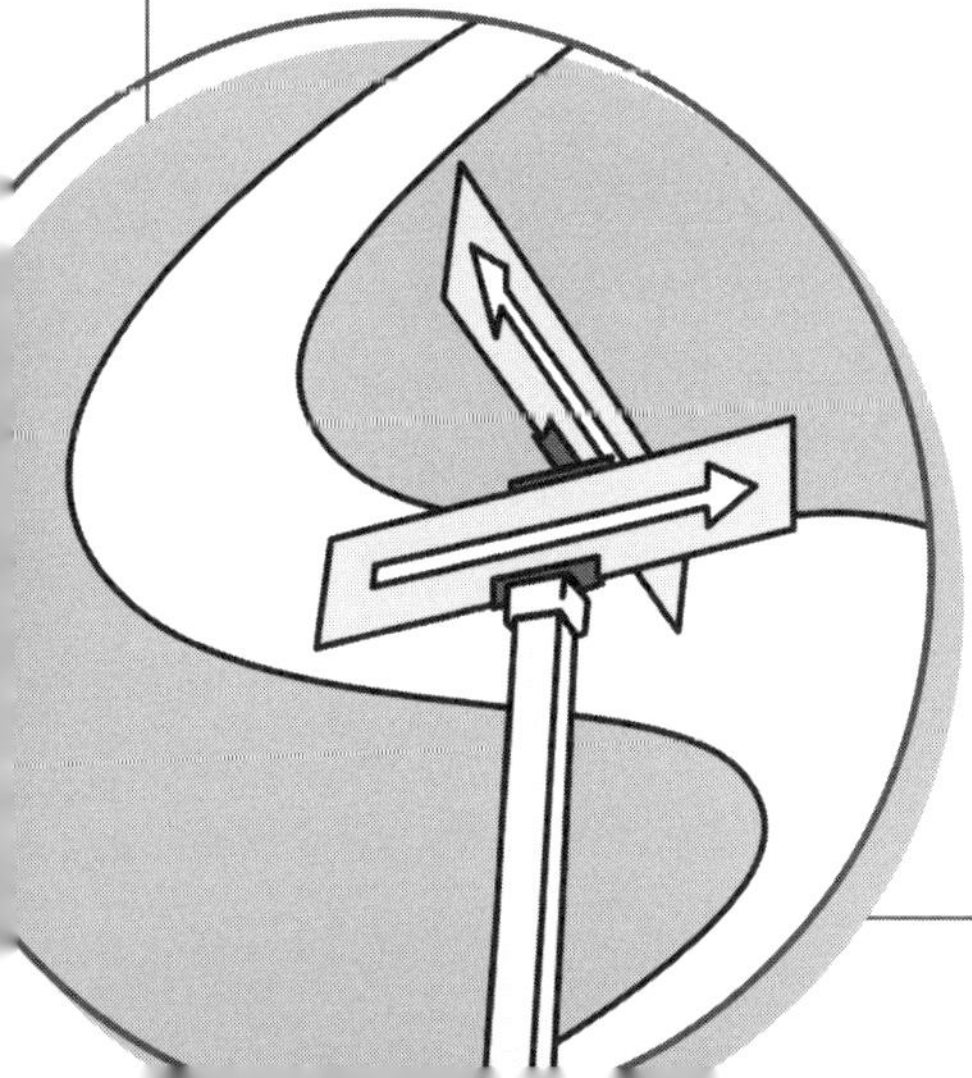

1

新学習指導要領で大切なこと

探究をＨＯＷではなくＷＨＹで考える

新しい学習指導要領が、２０２２年度から高等学校でも実施されています。特に、学習指導要領で「探究」という言葉が多く使われていることもあり、「探究」をしなければいけないという声と「探究」を否定する声、そんな二項対立の中で現場の先生方が心を痛めているようにも感じます。

木下晴弘さんは著書の中で「人生では現象（目に見えるもの）に惑わされず、常に本質（目に見えないもの）を見抜く視点を持つことで、限られた時間を味方につけることができます」と指摘しています。「探究が重視されている」という状況は現象にすぎません。本質は学習指導要領で「探究」が重視された背景であり、なぜ今探究なのかということです。現象に対するＨＯＷを考える前に、まずは本質を捉えて、自分なりのＷＨＹを考えることが重要です。

今回の学習指導要領改訂の土台となったのは、平成28年12月21日に発表された中央教育審議会答申です。答申でのキーワードには「社会の急激な変化と予測できない未来」「一人一人が未来の創り手となること」があります。未来が予測できないということは、未来に必要となる知識や力がわからないということであり、過去の成功体験が通用する保証がないということです。この点は忘れてはいけないことでしょう。学習指導要領の総則は「今の子供たちやこれから誕生する子供たちが、成人して社会で活躍する頃には」から始まっています。生徒が主語になっていて、生徒たちが成人して社会で活躍する頃を想定しています。このことはキャリア教育の視点をもった教育の大切さも示しています。

生徒たちは未来を創る存在です。**今の生徒たちの卒業後のその先まで考えたときに必要な力はどのようなものでしょうか**。この問いをもちながら学習指導要領を読むことが本質を見抜くことにつながるのです。おそらくこの問いを考えることで、「知識をたくさんもつよりも、自ら知識を構成できる力が大切であること」「自ら目標をもって社会に主体的に関わる生き方をすることの重要性」などに気づくのではないでしょうか。それはまさに学習指導要領で重視されている「新しい時代に求められる資質・能力」であり、各教科等で「何を学ぶか」だけではなく、「どのように学ぶか」や「何ができるようになるか」が重視される理由なのです。

今こそ重要な探究的な学び・キャリア教育

生徒たちの卒業後のその先まで考えたときに必要な力はどのようなものでしょうか。中央教育審議会答申では「生徒が社会の変化に主体的に関わること」「どのように社会や人生をよりよいものにしていくのかという目的を自ら考えること」「自らの可能性を発揮し、よりよい社会と幸福な人生の創り手となる力を身に付けること」の3つをあげ、これらは（新しい力ではなく）学校教育が目指してきた「生きる力」であるということを指摘しています。この生きる力をより具体化し、教育活動全体を通じて育成を目指す資質・能力として3つに整理したのが、「知識及び技能」「思考力、判断力、表現力等」「学びに向かう力、人間性等」です。この3つは資質・能力の3つの柱であり、各教科・科目等の目標や内容についてもこの3つが柱となっています。

ＰＩＳＡやＴＩＭＭＳなどの国際学力調査や日本財団の調査から日本の子どもたちの学力は世界トップクラスなのに、学ぶことが楽しいと思っている生徒や、学んだことが役に立つと思っている生徒が少ないことが明らかになっています。また、日本の子どもたちは将来に悲観的で、「将来の夢をもっている」「自分の行動で国や社会を変えられると思う」と答えた比率が低い現状があります。

こうした現状を考えた際に、「生徒が社会の変化に主体的に関わる」こと、「よりよい社会と幸福な人生の創り手となる力を育てる」ことの重要性がわかります。こうした人生への主体性とでも呼べるものは、自らの課題設定から始まって多様な教科の見方・考え方を駆使して探究を深め何らかの価値を生み出すような学び、自らの将来や在り方や生き方を様々な人との関わりの中で考えるような学びを通じてこそ実現されるものでしょう。**これは総合的な探究の時間や探究的な学び、そしてキャリア教育でこそ取り組めること**です。

【参考文献】
・木下晴弘（２０２４）『人生の見え方が大きく変わる「対」の法則―逆境を生き抜く「バランスマインド」とは』青春出版社

2

探究的な学びと総合的な探究の時間

探究的な学び

探究という言葉は、教科の授業での探究、総合的な探究の時間など、いろいろな場面に対して同じ言葉で語られます。古典探究や理数探究など科目名に探究と入っている科目もあります。学習指導要領では、探究における生徒の学びの姿を課題の設定から始まるサイクルで図示しています。生徒の課題設定から始まり、生徒が自分で学びを深めていく学びが探究的な学びです。探究的な学びは、自ら学び自ら考える力を育てる学習で、「何を学ぶのか」ではなく「どのように学ぶのか」を重視しています（知識や決められた答えを誰かから教えてもらうだけではない）。探究的な学びを実現するという授業改善も、生徒が教科・科目等の枠組みを超えて、自己の在り方生き方を考えながら課題を発見し、解決していく総合的な探究の時間の充実もどちらも重要です。

未来社会で幸せに自分の力を発揮するために必要なことが、ＡＩで代替できるような知識の暗記でないことは言うまでもないでしょう。未来社会でこそ必要なのは、世界で起こっていることを自分事として捉え、自ら問いを立てて情報を集める力であり、集めた情報を基に考えて知識を再構築し、行動して何らかの価値を生み出すことができる力です。これらは探究的な学びにおいて目指すべき生徒の学習の姿と言えます。**生徒たちがこれからの社会で自分らしい生き方を選択して幸せに生きていくために必要な力は探究的に学ぶ力に他ならない**のです。

学問は今も探究され続けていて、最新の知見が各教科の教科書に反映されています。各教科の授業が探究的になり、生徒が教科を探究すると、必然的に生徒たちは教科固有の見方・考え方を身に付けます。各教科で身に付けた見方・考え方を総合的・統合的に働かせること、自己のキャリア形成の方向性と関連付けながら、自ら問いを見いだし探究すること、これらを可能にするのが総合的な探究の時間です。

総合的な探究の時間

「これからの子どもたちに求める資質や能力は、『変化の激しい社会を生きる力』であり、『自分で課題を見つけ、自ら学び、自ら考え、主体的に判断し、行動し、よりよく問題を解決する能力』や『自らを律しつつ、他人と協調し、他人を思いやる心や感動する心など豊かな人間性とたくましく生きるための健康や体力が必要』である。」

実はこれは21世紀の教育の在り方について議論された1996年の中教審答申に書かれている文章をまとめたものです。当時は冷戦構造の崩壊やバブルの崩壊があり、21世紀は先行き不透明で不確実な社会と言われていました。この答申を受けて創設されたのが「総合的な学習の時間」です。総合的な学習の時間は、各教科では扱いきれないテーマを扱い、21世紀に求められる学力形成を目指すものとして始まりました。総合的なテーマを扱い、未来社会に求められる学力を育てるという、総合的な学習の時間の原点はこれからも忘れてはいけないことでしょう。

総合的な探究の時間で大切なことは課題と自分との関係です。小・中学校の総合的な学習の時間は、課題を解決することで自己の生き方を考えていく学びです。一方、高校の総合的な探究の時間では、自己の在り方生き方と一体的で不可分な課題を自ら発見し、解決していくような学びを展開します。自己の在り方生き方と一体的で不可分な課題とは、生徒が「知りたい・学びたい・実現したい」と思っているもので、これから先の人生でも関わっていきたいと思えるような課題に他なりません。ここから生徒一人ひとりにとっての課題の設定がきわめて重要になることがわかります。

総合的な探究の時間に限らず、高校では課題設定が重要です。高校生という時期は生徒たちが、人間としての在り方を理念的に希求し、それを将来の進路実現や社会の一員としての生き方の中に具現しようと求める時期です。また高校生は進路決定の際に、自分がどのような世界で生き、どんなテーマを探究していきたいのかを決める必要があります。

自分の将来を考えるということは、キャリア教育に他なりません。つまり、総合的な探究の時間はキャリア教育と深い関わりがあります。だからこそ**総合的な探究の時間はキャリア教育の視点をもって取り組むことが重要**なのです。

高大接続改革も進み、自分の探究課題をもって大学に進学する生徒も増えてきています。総合的な探究の時間は高大接続としても大きな可能性をもつ時間なのです。

3

キャリア教育

学習指導要領における キャリア教育の位置づけ

学習指導要領では小・中・高すべての学校種において「キャリア教育の充実」と総則に明記されました。総則に書かれたということは、特定の教科・科目等ではなく教育課程全体で取り組みを進めていくということです。

キャリア教育という用語は1999年12月の中教審答申で初めて登場しました。その背景としては若年者の雇用・就業上の問題、学校と社会の不連続がありました。その後キャリア教育の必要性は広く理解されるようになり、取り組みも進みます。しかし一方で、『中学校・高等学校　キャリア教育の手引き』（文部科学省、2023、実業之日本社）では

「職場体験活動のみをもってキャリア教育としているのではないか」「社会への接続を考慮せず、次の学校段階への進学のみを見据えた指導を行っているのではないか」などの課題も指摘されています。

ところでキャリア教育はどの時間で実施するものでしょうか。答えはもちろん教育活動全体で、です。社会的・職業的自立に向けて必要となる資質・能力は特定の教科・科目等で育成できるものではありません。しかし「教育活動全体」という言葉は、時として指導場面をあいまいにしてしまいます。こうしたことから、新学習指導要領では、特別活動がキャリア教育の中核となる時間として位置づけられました。

新学習指導要領におけるキャリア教育の取り組みについては第2章で触れますが、**大切なことは「身に付けさせたい力」の明確化です**。学校で「身に付けさせたい力」を考えるときには、必ず生徒たちの卒業後のその先の姿を考えています。そうした生徒の将来を見すえて力を育てる教育はキャリア教育に他なりません。つまりキャリア教育は学校において必ず意識されているのです。大切なことはその意識を見える化し、全体へ共有した上で、具体的な取り組みにしていくことなのです。

見通しを立てて振り返ることが重要

新学習指導要領におけるキャリア教育を考える際に大切な言葉として「見通しを立て、振り返る」があります。学習指導要領総則の主体的・対話的で深い学びの実現に向けた授業改善にも「生徒が学習の見通しを立てたり学習したことを振り返ったりする活動を、計画的に取り入れるように工夫すること」と書かれています。見通しを立てて振り返ることは、教科指導や学校行事などで多くの学校が日常的に大事にしてきたことでしょうが、今改めて考えることが重要です。

マネジメントの父と言われ、世界中の経営者から尊敬され、影響を与えたピーター・F・ドラッカーは「強みを知る方法は1つしかなく、それはフィードバック分析である」と言います。以下がドラッカーの言葉です。

　何かをすることに決めたならば、何を期待するかを直ちに書きとめておかなければならない。そして9か月後、1年後に、その期待と実際の結果を照合しなければならない。私自身はこれを50年続けている。しかも、そのたびに驚かされている。これを行うならば、誰もが同じように驚かされるにちがいない。（中略）自らについて知りうることのうち、この強みこそ最も重要である。（『明日を支配するもの』ダイヤモンド社、1999）

ドラッカーが書いていることは、見通しを立て振り返ることに他ならないので、見通しを立てて振り返ることは自分の強みを知るためにも重要ということを示しています。

新学習指導要領では「見通しを立てて、振り返る」活動の1つの方策として「キャリア・パスポート」が提案されています。その運用は各学校で試行錯誤しているところでしょうが、大切なことは、見通しを立てて振り返る活動を節目に行うことで、生徒たちが自分の成長や取り組んできたことの意味付けもできるようになることです。日本の若者の自己肯定感や社会参画意識の低さ、将来の夢がないことなどが明らかになっていますが、そのような現状があるからこそ「見通しを立てて、振り返る活動」が重要なのです。

「見通しを立てて、振り返る」ことは大人のキャリア形成にも重要です。一方で学校は年度末と年度初めが多忙なこともあり、次年度の見通しを立てることや、今年度の振り返りをする時間が確保できないことも少なくありません。「見通しを立てて、振り返る」重要性を、私たち大人が実感することが、取り組みを進める上で重要なのかもしれません。

4

探究とキャリア教育を核として生徒を育てる

今問われている生徒観

今、問われているのは生徒観だと感じることがあります。生徒を見るときに、対極にある2つの見方があります。それは「生徒はサービスの受益者であり、管理・指導され課題を与えられて学ぶ存在」という見方と、「生徒は社会の担い手であり、自ら学んでいく存在」という見方です。前者は「お客様」、後者は「生産者」とも呼べるでしょうか。

生徒をお客様と見ると、私たち大人は「こちらが教えたいことを何とかして伝えよう」とします。与えられることで学ぶ生徒たちに、こちらが教えたいことを、教え込むのです。その結果、生徒たちはより受け身になり、自ら学ぼうとしなくなります。

たしかに与えられることでできるケースがあるのは事実です。生徒の自立度は学校種や生徒による個人差があり、学校において生徒を100％生産者とは言い切れないことも事実です。しかし生徒が自ら学ぶ力を信じず、生徒たちをお客様扱いしすぎる指導は、短期的にプラスになることがあっても、長期的に見ればマイナスにしかなりません。学習指導要領がなぜ生徒を主語として書かれているのかを、私たちは改めて考える必要があります。

もちろんすべての教育活動は善意で行われています。こちらが教えたいことを教え込んで生徒をお客様にしてしまう指導も、その根底にあるのは、大切なことだから生徒に確実にわかってほしいという生徒への思いです。だからこそ私たちは、**「生徒に成長してほしい・失敗しないでほしいという思いや、丁寧に指導することが大事という善意が、結果的に必要以上に生徒をお客様扱いしていないか」と問うことが重要**なのでしょう。

またこの問いを問う際には、生徒の卒業後の少し先、すなわち（私たち大人がいなくなり）生徒が自分の力で何とかしていかないといけないときの姿をイメージすることが大切なのでしょう。

総合的な探究の時間とキャリア教育の密接な関わり

総合的な探究の時間において、生徒たちは自らの興味・関心に基づいて課題を設定し、その解決を進めていきます。この過程で、生徒がイベントを実施したり、何らかの知見を得て社会に発信したりするなど、新たな価値を社会に生み出すことも少なくありません。これは生徒にとって、自分が社会の担い手であることを実感できる貴重な学びです。また生徒は総合的な探究の時間でいろいろな人に出会うことも多いです。このことで生徒は自分の進路や生き方をよりイメージできるようになります。これはキャリア教育として大切なことです。このように総合的な探究の時間とキャリア教育には密接な関わりがあります。

キャリア教育はキャリア発達を促すものですが、キャリア発達とは社会の中で、自分の役割を果たしながら自分らしい生き方を実現していく過程です。社会の中で自分の役割を考えるときに大切な問いは「**自分はどのような課題を発見・解決したいのか**」であり、「**自分はどんな生き方をし、どんな社会を創りたいのか**」です。ここからもキャリア教育と総合的な探究の時間の目指すところで共通することは多いこと、そして総合的な探究の時間がキャリア教育の絶好の機会となることがわかります。

教育活動全体を通じて育成を目指す3つの資質・能力に「学びに向かう力・人間性等」があります。これは「どのように社会や世界と関わり、よりよい人生を送るか」に関わる資質・能力で、他の2つの柱をどのような方向性で働かせていくかを決定づける重要な要素です。この資質・能力を育てるのはキャリア教育の視点をもった総合的な探究の時間に他なりません。**キャリア教育の視点をもった総合的な探究の時間は、カリキュラムの核として大切な役割を果たす**のです。

POINT

- なぜ探究なのか、学習指導要領を基に改めて考えよう。
- キャリア教育の視点をもった総合的な探究の時間を、カリキュラムの核と位置付けて実践しよう。

高校で実施されている探究の分類

大正大学の浦崎太郎先生が、各校が探究と称して実践している教育活動を分類されています。浦崎先生の論文のエッセンスをコラムにしました。

大切な3つの視点は自分・社会・教科

新学習指導要領の背景にあるのは、「予測困難な未来」であり、自分をアップデートし続ける必要性が高い時代の到来です。総合的な探究の時間の目標には、「各教科・科目等における見方・考え方を総合的・統合的に活用し（教科）」「自己の在り方生き方を考えながら（自分）、よりよく課題を発見し解決していく（社会）」とあります。浦崎先生はこうしたことを基にすべての高校生に提供していきたい学びとして「自分軸をもって、進路・社会・教科をつなげていく学び」とまとめられています。大切なのは3つのバランスです。

高校で実施されている探究の類型化

浦崎先生は多くの学校の取り組みを見てこられた経験もふまえて、下の図のように高校で実施されている探究を類型化されました。

探究という同じ言葉を使っていても、各学校の取り組みは様々です。浦崎先生は「探究」と呼んでいいのは「キャリアチェンジ対応型」と「学究型」のみが該当すると指摘されています。同時に多くの学校で探究と教科が分断していることを指摘されています。またこの図で全体を俯瞰することで、教員や地域関係者が各者の殻に閉じ

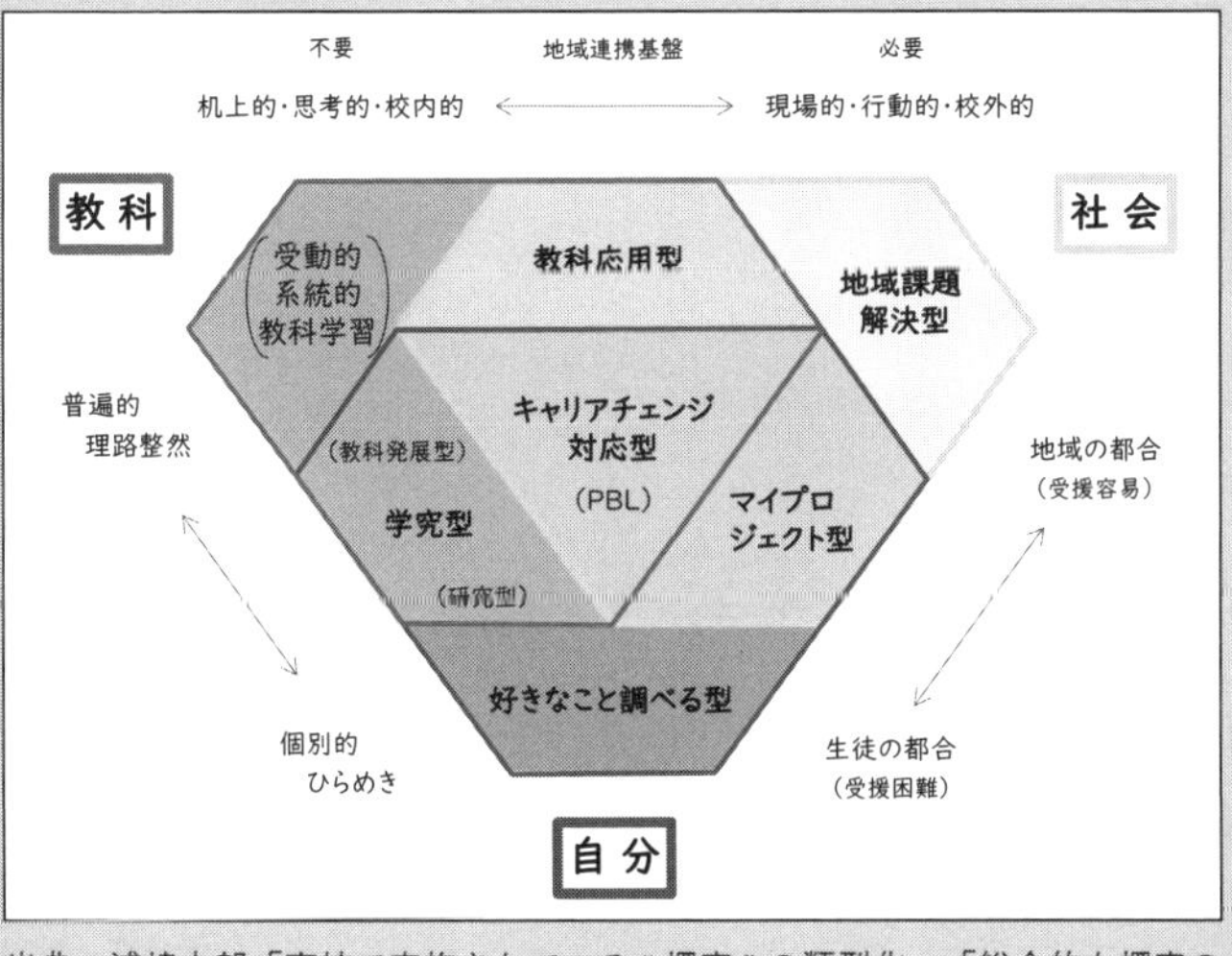

出典：浦崎太郎「高校で実施されている“探究”の類型化～「総合的な探究の時間」の目標をブルームタキソノミーから捉え直す～」

こもらず、他者のことを想像できるようになるとも指摘されています。

この分類は各学校の取り組みを客観視・相対化することができ、その結果取り組みの改善はもちろん、学校と学校外のよりよい連携にもつながります。例えば地域課題解決型の探究に取り組んでいるが、生徒の興味関心が弱い、進路ともつながらないという悩みを聞くことがあります。おそらくその学校は「地域課題解決型」に少し寄りすぎているので、「教科」「自分」をカリキュラムに取り入れていくとよりよい取り組みになるでしょう。

他校の探究の事例を見るとき、自校の探究の分析をするとき、取り組みをこの図にあてはめてみてはどうでしょうか。多くの学校でキャリアチェンジ対応型の取り組みが進むときに、総合的な探究の時間とキャリア教育が核となったカリキュラムマネジメントが実現し、自分軸をもって、進路・社会・教科をつなげていく学びが実現するでしょう。

【参考文献】

・浦崎太郎「高校で実施されている〝探究〟の類型化～「総合的な探究の時間」の目標をブルームタキソノミーから捉え直す～」(大正大学地域構想研究所紀要「地域構想」第6号)

第1章

高等学校における探究時代のキャリア教育

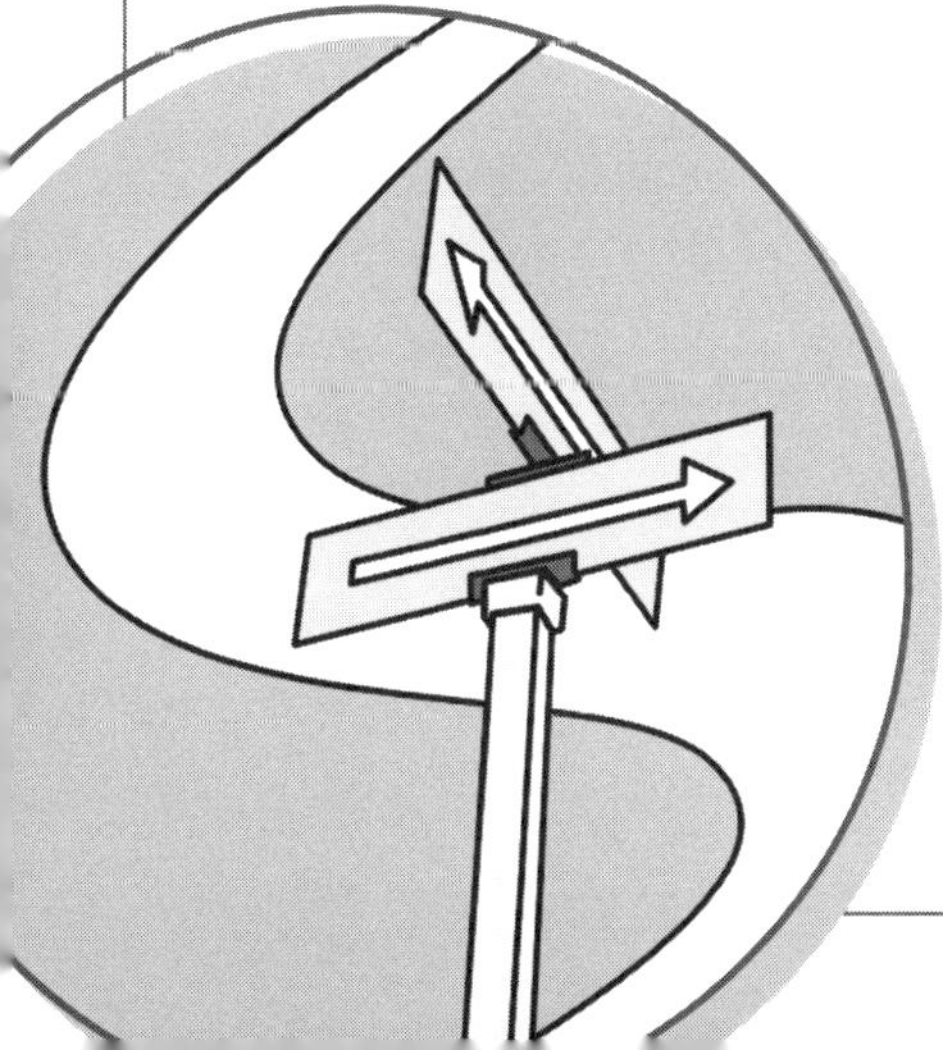

1

進路指導からキャリア教育へ

高校でこそ重要なキャリア教育

自分の将来を考えるときに高校という場が重要です。生徒は高校卒業時に、「自分の興味・関心」「自分がもっと深めたいこと」「どんな世界で生きていきたいのか」をイメージする必要がありますが、このことは高校でのキャリア教育の重要性を示しています。

経産省は「キャリア教育支援ガイドブック」において、中教審答申などを引用しながら、キャリア教育が必要な理由を3つにまとめています。1つ目は「将来を考えるきっかけのため」、2つ目は「なぜ学ぶかを学ぶため」、3つ目は「自立できる力を身に付けるため」です。2011年度にまとめられた冊子ですが、ここに書かれていることは現在にも通用することばかりです。

ところで、キャリア教育と似た意味をもつ言葉として「進路指導」があります。進路指導は、「どう生きたいかという長期的な視点で人間形成を目指す教育活動」なので、キャリア教育の目指すところとほぼ同じですし、中教審でもそのように指摘されています。ただ、学校では進路指導というと、進学する大学など目の前にある希望進路の実現が目的になりやすく、「生き方」や「キャリア形成」という長期的な視点で考えることが難しくなります。キャリア教育は進路指導を含み、より長い時間軸で考えるものなのです。

キャリア教育で生涯必要となる力を育てる

今が江戸時代の中期で、自分が農家で生まれたら、どんなキャリア教育を受けただろうと考えたことがあります。比較的安定した時代で、将来の仕事は生まれた時点で農業と決まっています。生きていく世界は生まれた村の中。将来必要となる力は明確で、おそらく変化しないことが予想できます。こう考えると、家族と学ぶ農作業や、若者組で村の機能の一部を責任もって担うことがキャリア教育になると思います。村の中でパートナーを見つけて親になり、村を存続させていくことが自分の使命になるのでしょうか。

江戸時代を例に挙げましたが、求められる力が明確ならば、学ぶべきコンテンツも明確になります。車の免許を取得する際に通う自動車教習所がわかりやすい例でしょう。しかし将来に求められる力が明確でないときには、より汎用的な力、どのような状況であっても活用できる力が必要になります。現代が後者であることは言うまでもありません。各教科でコンテンツだけでなくコンピテンシーが重視されている背景にもこのことがあります。

能力には大きく分けて「認知能力」と「非認知能力」があります。認知能力は主に物事の理解、知識、与えられた課題を解決する力などのことを言い、知能検査やテストで測定しやすい能力です。非認知能力は物事に対する考え方、取り組む姿勢、行動など、日常生活・社会活動において重要な影響を及ぼす能力です。どちらも重要ですし、非認知能力の向上によって認知能力が向上することはあります。ただ変化の激しいこれからの社会で求められる力は、変化に対応することや、どんな状況であっても前向きにチャレンジしようとする力です。またＡＩの急速な進化など認知能力を補うものも登場しており、非認知能力の重要性がより高まっています。キャリア教育で育つ力は非認知能力であることを考えると、キャリア教育の重要性はこれからの社会でますます高くなります。

このように大事なキャリア教育ですが、生徒の思いと学校での実践にギャップがあることも忘れてはいけません。令和元年度に国立教育政策研究所が実施した「キャリア教育の総合的研究」からもそのことがわかります。高校３年生に「自分の将来の生き方や進路について考えるためどのようなことを指導してほしかったか」と聞くと、第１位は「自分の個性や適性（向き・不向き）を考える学習（33・５％）」でした。それに続くのは、「特になし」「社会人・職業人としての常識やマナー」「就職後の離職・失業など、将来起こり得る人生上の諸リスクへの対応」で、生徒たちは自分を深く知ることや、卒業後のその先について学びたいと思っていることがわかります。一方教員側に実施の現状を聞いたところ、肯定率が高いものは「生徒の進路相談を行っている（84・１％）」「進学にかかる費用や奨学金についての情報提供や生徒主体の情報収集に取り組んでいる（62・１％）」などすぐに必要となることで、生徒が望む「卒業後のその先への指導」は十分に実施できていないのです。生徒を主語にした新学習指導要領でキャリア教育が総則に入った背景にはこうしたこともあるのかもしれません。

キャリア教育といえば、職場体験などのイベントだという誤解も根強く残っていますが、それはごく一部でしかありません。このことについて次節で考えたいと思います。

2

「キャリア教育＝イベント」ではない

教育活動のすべてがキャリア教育の機会

キャリア教育が実施される機会としてわかりやすいものがイベントであることは間違いありません。そのため、中学校では「職場体験活動＝キャリア教育」、高校では「オープンキャンパス・インターンシップ・進路講演＝キャリア教育」と誤解されがちです。しかしキャリア教育において大切にしている社会的自立やキャリア発達を考えた場合、**自分がどのような世界でどのような役割を果たしたいのかという自己の在り方生き方を考えることが重要**です。イベントは生徒が自分の興味関心に気づき、将来を考えるきっかけになることは事実ですが、生徒が自分に気づく機会は日常の学校生活にも多数あります。だからキャリア教育はイベントだけではなく、日常の教育活動でも実施することが大切なのです。何をする際にも「ねらい」をもつことでより力がつきます。筋肉トレーニングを考えても、何も考えずにする100回と、筋肉がつくところを考えてする100回では筋肉のつき方に大きな差があります。教育活動も同じです。日常の学校生活に多数あるキャリア教育の機会を意味あるものにするには、教員がねらいをもって取り組むことが重要なのです。なおキャリア教育が中心となって育成すべき能力は基礎的・汎用的能力として４つに整理されています。

キャリア教育の中核となる時間は特別活動

学習指導要領では、キャリア教育の中核となる時間が特別活動と位置付けられました。特別活動はホームルーム活動、生徒会活動と学校行事で構成されています。学習指導要領には、特別活動は「様々な集団活動に自主的、実践的に取り組み、互いのよさや可能性を発揮しながら集団や自己の生活上の課題を解決することを通して」資質・能力を育むことを目指す教育活動と書かれていますが、ホームルーム活動や体育祭・文化祭などの学校行事が生徒の成長に大きく影響することは、教員ならば誰しもが感じることでしょう。生徒にとってこれらは、みんなで何かを成し遂げるということに加えて、集団の中での自分の役割を実感する機会です。だからこそ特別活動はキャリア教育の中核となる時間なのです。中核となる時間だからこそ、教員がねらいをもって取り組むことが重要です。

特別活動でキャリア教育を実施することを考える際に、特に大切なのは「個人としての意思決定」「集団としての合意形成」の2つです。

例えば、多くの学校は4月のホームルームで目標を立てるようにしているでしょう。その際、キャリア教育の視点をもち「個人としての意思決定」を大切にしながら「キャリアプランニング能力の育成」をねらいとすれば、この時間にキャリア・パスポートを活用して、高校卒業後のさらにその先までを考える時間とすることもできます。これについては第3章の神谷先生の実践をお読みください。

高校では、特別活動が「生徒の自主性に任せる」という言葉のもと、放任になってしまっているケースがあると聞くことがあります。放任するのでも、教員がすべて決めるのでもなく、生徒に任せながら見守ることが大切です。生徒に任せる際には、生徒の様子を見ているかどうか、教員が意図やねらいをもって任せているかどうかが、放任になるか教育機会になるかを決めます。

特別活動がキャリア教育の中核の時間だからこそ、学校行事など集団での活動の際には「合意形成」を、進路のことなど個人での活動の際には「意思決定」を意識して、ねらいをもって生徒に関わることが重要なのです。こうしたことの積み重ねで、キャリア教育の機会はイベントだけではなく、教育活動全体になっていくのです。

学習と体験の統合がキャリア形成につながる

イベントをキャリア教育の一部と考えたときに、イベントで学習と体験を統合するという視点が重要です。生徒が職場体験から普段の学びと仕事との接点を見つけることや、日常の学びを実際の現場で試してフィードバックを受けるという体験が学習と体験の統合と言えます。学習と体験の統合は生徒の自己理解と大きな成長につながります。

学習と体験の統合を実現するために大切なのが、事前学習と事後の振り返りです。振り返りによって、体験的な学びは生徒が自らのキャリアの方向性を見つける機会となります。こうして、生徒たちは将来の社会で活躍するための重要な基盤を築くことができるのです。

3

キャリア・パスポートを活用して振り返る

見通しを立てて振り返る大切さ

キャリア教育の充実は、学習指導要領の総則に書かれていますが、その内容の取扱いにおいて強調されている言葉が「見通しを立て、学んだことを振り返りながら」です。また学習指導要領改訂に向けた中央教育審議会では、「見通しを立て、振り返る」活動の方策の1つとして、「キャリア・パスポート」が提案されています。答申では「その際（キャリア・パスポート等を活用する際）、教員が対話的に関わることで、自己評価に関する学習活動を深めていくことが重要」とも指摘しています。前節で「学校内外の体験的な学びは、生徒が自らのキャリアの方向性を見つける機会」と書きましたが、このときに重要なのが振り返りです。

序章で紹介した通り、現代経営学の父と言われるドラッカーは、「自分の強みを知る唯一の方法は、何かをするときに、何を期待するのかを記録し、９か月後、１年後に期待と結果を照合すること」と述べています。また、ＯＥＣＤは２０３０年という近未来において子どもたちに求められるコンピテンシーをEducation2030 プロジェクトで検討してきました。プロジェクトの最終報告（コンセプトノート）で提示された中心的概念が、学習の枠組みとしてのラーニング・コンパスです。ラーニング・コンパスでは生徒たちに必要な力として「変革をもたらすコンピテンシー」を置いていますが、その中で学びを着実に進めるためには、見通し・行動・振り返りという繰り返しの学習活動が大切と書かれています。これらはこれからの時代において「見通しを立てて振り返る力」がいかに重要かを示唆しています。

振り返り＝反省と誤解されるときもありますが、まったく違います。振り返りは、未来を見すえながら過去を振り返ってみることであり、過去を振り返ることで未来の自分を見つめ直す作業です。振り返りを繰り返すことで、振り返る力が育ち、経験からポジティブに学べるようになります。これについては第3章の村井先生の実践をお読みください。

キャリア・パスポートという可能性

ＳＮＳで過去の自分の投稿記事や写真に触れる機会があります。そのときに、自分の変化・成長や今と過去のつながりに気づいたり、自分がずっと大切にしてきたことを改めて確認したりすることが少なくありません。自分が今後進むべき道のようなものを感じることもあります。同じような経験をされている方は多いと思います。人は毎日いろいろなことに気づき、いろいろなことを考え、いろいろなことを経験しながら生きています。しかしその多くは記憶から消えてしまいます。振り返りの時間を確保して記録を残すことで、後日その記録を見返すことができるのです。

生徒も同じです。生徒が自分自身と向き合ったり、自分の成長に気づいたりする機会として、高校の場合は「科目選択」「自分の進路を決めること」など、各学年に節目があります。毎年設定される生徒との面談も、キャリア教育・キャリアカウンセリングの絶好の機会です。こうした節目のときに、振り返りの時間を確保することができれば、生徒は自分自身と向き合い、自己の成長に気づくことができます。文化祭や体育祭などの大きな行事の後や1年の終わりの時期などの振り返りが重要な理由はここにあります。

ＳＮＳではないですが、１人の生徒が過去の自分の記録を見返しながら定期的に振り返りをすればどうなるでしょうか。生徒は間違いなく自分についての理解をより深め、成長を感じることができるでしょう。キャリア・パスポートの本質はここにあります。

生徒に聞いたところ、指導してほしかったことの1位は「自分の個性や適性を考える学習」でした。キャリア・パスポートは生徒が自分を見つめ、自分に気づくことのできるツールです。このようにキャリア・パスポートには大きな可能性があるのです。

立命館宇治高校の取り組み

筆者が勤務する立命館宇治高校の取り組みを紹介します。高1、高2の3学期に生徒たちは「自分マニフェスト」を記入します。1年間の学びや自分が果たした役割、その時点で考える自分の将来、1年間の学びと成長や残された課題をＡ４で4枚相当にまとめます（近年はＩＣＴ端末上で記入しています）。学年末テスト終了後に、自分マニフェストを基にした面接試験（口頭試問）があります。学年によって多少やり方は異なりますが、４人程度を1チームにして30分ほどで実施する場合がほとんどです。生徒たちははじめに決められた時間で1年間の学びや成長を語ります。その後面接官の先生からの質問に答えて終了となります。口頭試問に不合格の場合再試問が待っていますので、生徒たちは、一定の緊張感がある中で自分について語ることになります。

３年次には総合的な探究の時間とＬＨＲを活用してマイラーニングストーリーを作成します。３年間の高校生活をしっかり振り返った後で、高校生活の学びや大学以降の自分を1枚の紙にまとめます。振り返りだけでも50分×２コマ程度使って取り組みます。

立命館宇治高校では各学年で作成する「自分マニフェスト」、３年次に作成する「マイラーニングストーリー」がキャリア・パスポートとしての役割を果たしています。口頭試問の後に面接担当の先生は簡単なコメントを入力することで必ず対話的に関わるようにもしています。

「自分マニフェスト」の例▼

4 教科でのキャリア教育

教科での学びと社会をつなぐ

学校で生徒がもっとも時間を費やすのが授業、そして教員の本業も授業です。キャリア教育を実践する上で、教科の中でのキャリア教育は非常に重要です。鍵は教科での学びと社会をつなぐことですが、その際、内容に注目する方法と、育てる力に注目する方法があります。内容に注目して教科と社会をつなぐというのは、学んでいる内容が社会でどのように使われているのかを生徒が知ることです。教員が伝えることも重要ですが、生徒が自ら発見することや、生徒が学んだことを日常の生活で活用することなども重要でしょう。

育てる力に注目して教科と社会をつなぐ方法は、社会で必要な力を授業で育てるということを考え、その力を育てる授業を実践することです。第3章の吉岡先生の事例は、「わからなさに向き合う力」を育てる事例で、力に注目して教科と社会をつないだ例です。

学ぶ意味を考えるという不易

教科でのキャリア教育で忘れてはいけないことは「生徒が学ぶ意味を考える」ということです。学習指導要領にも「生徒（児童）が、学ぶことと自己の将来とのつながりを見通しながら」という表現が、小学校・中学校・高等学校、いずれの学校種のキャリア教育実践の在り方でも共通して書かれています。生徒が学ぶ意味について、その時々で自分なりの答えをもち、考え続けることは、キャリア教育の実践として大切なことです。

立命館宇治高校では、1年生の「問いを立てる」という単元で、教員が学ぶ意味を生徒に語り、生徒は教員の語りに対して問いを立てるという取り組みをします。この授業は生徒だけでなく教員にとっても「学ぶ意味」を改めて考えて言語化するという点で貴重な時間です。学ぶ意味を考えるという不易はキャリア教育の実践として重要なのです。

5

総合的な探究の時間はキャリア教育の絶好の機会

総合的な探究の時間はキャリア教育をより充実させる

総合的な探究の時間はキャリア教育の絶好の機会です。高校生は卒業時にマイテーマを見つけることが重要ですが、オープンキャンパス、先輩の講演、インターンシップなどキャリア教育ではこれまで「生徒がマイテーマを見つける」ことに取り組んできました。総合的な探究の時間で生徒は、自己の在り方生き方を考えながら、課題を発見し解決していきます。また、新たな価値を創造し、よりよい社会を実現しようとします。ここに書かれている自己の在り方生き方はキャリア教育のテーマに他なりません。またキャリア教育はキャリア発達を促すものですが、キャリア発達とは社会の中で、自分の役割を果たしながら自分らしい生き方を実現していく過程です。社会の中で自分の役割を考えるというときに大切な問いは「自分はどのような課題を発見・解決したいのか?」であり、「自分はどんな生き方をし、どんな社会を創りたいのか」です。このように考えると、キャリア教育と総合的な探究の時間の目指すところで共通することは多く、総合的な探究の時間はキャリア教育の絶好の機会となるのです。

立命館宇治高校では、高校2年時の総合的な探究の時間のねらいを「課題設定力を高める」にしています。成果物としてミニ論文やプロジェクトの企画書、志望理由書などはありますが、大事なことはその質よりも課題を設定する学習経験です。生徒たちは、それらを振り返りながら、3学期に次年度1年間かけて探究するマイテーマを考えます。

もう1つ忘れてはいけないのが、生徒が価値を生み出すという視点です。これまでキャリア教育で取り組んできたインターンシップやオープンキャンパスへの参加、先輩講演などの教育活動は重要ですが、生徒は多くの場合お客さまとして活動に参加します。一方、総合的な探究の時間では、生徒は自分でテーマを設定し最終的に何らかの価値を生み出して社会に発信します。こうして**生徒がお客様でなく価値の提供者になることが重要で、それは総合的な探究の時間だからこそできるのです。**

6

キャリア教育は次の世代へ

キャリア教育は転換期を迎えている

これからのキャリア教育はどうあるべきでしょうか。キャリア教育という言葉がはじめて登場した1999年12月の中教審答申から25年以上経ちました。当初強調された若年者の雇用・就業上の問題や学校と社会の不連続という課題は今も残っていますが、当時とは学校を取り巻く環境も、社会状況も大きく変わっています。キャリア教育の重要性はどの時代にも共通したものですが、本当にこれから先も今のキャリア教育の延長でいいのでしょうか。今こそキャリア教育のバージョンアップが必要な時期ではないでしょうか。

たしかに職場体験やインターンシップなどの取り組みは広がってきました。生徒が将来を考える取り組みもかつてより多くの学校で実施されるようになっています。しかしそうしたことを重ねても、自分の進路を選べない生徒、学校と社会のギャップに苦しむ若者は増えています。こうした実態はこれまでの取り組みが間違っていたということではなく、キャリア教育を転換する必要性を示しているのではないでしょうか。

今必要な生徒観の転換
〜生徒が自分で選ぶ力を育てる〜

学習指導要領は生徒が主語で書かれています。ここに今後の方向性が示されていると考えています。そもそも生徒はサービスの受益者でしょうか、それとも社会の担い手でしょうか。もちろん未成年が100％社会の担い手とは言えないですが、私たちは教育の名のもとに生徒を受益者にしてしまい、担い手という部分を忘れていないでしょうか。

職場体験ひとつとっても、生徒を受益者にしていないかという問いは今こそ重要です。職場体験が始まったときのねらいは、生徒が社会の中で働く経験をすることであり、学校ではできない学びの体験をすることです。しかし社会の中で働く経験をするということは、教員以外の大人も生徒に関わることになり、辛いこともあります。そもそも自分がやりたかった仕事ができるなんて社会ではほとんどありません。こうした負の部分も含めての教育プログラムだったはずなのですが、どこかで、問題が起きないことを優先した教育プログラムに変わってはいないでしょうか。その結果、リアルな社会で働くことを体験するはずが、テーマパークで働くような、受益者としての体験になっていないでしょうか。社会の担い手である生徒たちは、多少の困難があっても、最終的にはそれを乗り越えて成長します。そもそも働くことは社会の担い手になることです。このことを忘れてはいないでしょうか。

学習についても同じことが言えます。生徒を管理・指導されることで学ぶ存在と見て、生徒に多くの課題を与え、教員が用意した指導プログラムに乗せる形での指導が平成後半に急速に広まったように思います。その結果生徒たちの自ら学ぶ力は急速に衰えていないでしょうか。もちろん生徒たちは放置しておけば勝手に学ぶとは限りません。しかし自ら学ぶ存在になるためのプロセスとして指導をするのか、管理・指導されて学ぶ存在だと思って指導するのか、このマインドの違いが結果的に生徒の学ぶ力に大きな影響を与えます。

進路についても、生徒は受益者ではなく社会の担い手だからこそ、生徒が自らの責任で選ぶことがキャリア教育にとっては極めて重要なことです。そもそも進路や生き方に正解はなく、どの選択肢にも必ずメリットとデメリットがあります。またそのときの希望進路が叶うか叶わないかが将来をすべて決めるわけではありません。将来を決めるのは、決めた先での自分の在り方、つまり選んだ道を正解にできるかどうかです。また選ぶときに、自分の責任で納得して選ぶかどうかも大事なことです。自分で選び、選んだ道を正解にしていくのは、受益者でなく社会の担い手としての生徒です。これからのキャリア教育を考える際に生徒観の転換、そして生徒が自分で決める支援こそが重要なのです。

これからのキャリア教育を考えるキーワードはエージェンシー

これから先のキャリア教育を考える際に大切なキーワードになるのは「エージェンシー」でしょう。ＯＥＣＤは２０１５年からEducation2030プロジェクトを進め、中間報告として２０１９年に一連のレポートを公表しました。その中で近い将来に必要となるコンピテンシーの種類に関する大きなビジョンとして「ラーニング・コンパス（学びの羅針盤）」を示しました。ＯＥＣＤはラーニング・コンパスを子どもたちが自分自身で「私たちの望む未来」であるウェルビーイングへ向かうために使う「学習の枠組み」と位置づけています。エージェンシーはラーニング・コンパスの中で中核的概念と位置づけられ、「変化を起こすために、自分で目標を設定し、振り返り、責任をもって行動する能力」と定義されています。よりＶＵＣＡとなる未来において、「私たちが実現したい未来」を実際に実現してくためにエージェンシーが必要になるからこそ、エージェンシーはラーニング・コンパスの中核的な概念と位置付けられているのです。なおエージェンシーの概念では、「自分たちが所属する社会への責任」という意味も含まれています。

未来を実現していく主語は生徒たちです。これまでのキャリア教育が「社会で求められる力」「今社会に存在している仕事」を前提とし、そこに向けて必要な力を育てるという側面が重視されていたことは否定できません。しかしそのことが生徒をお客様扱いにし、受益者にしてきたのかもしれません。先ほど述べたように大切なことは、**生徒を受益者ではなく社会の担い手とみる生徒観の転換であり、生徒が自分の責任で選ぶこと**です。これはエージェンシーと考えることができるのではないでしょうか。だとすれば、これからのキャリア教育ではエージェンシーを育てることを重視すべきではないでしょうか。

エージェンシーを育てることを重視したキャリア教育は、学校の教育課程全体を通じてこそ実現できます。その際、生徒が自己の在り方生き方を考えながら、よりよく課題を発見し解決していく総合的な探究の時間が大きな可能性を秘めていることは間違いありません。特別活動とキャリア教育の視点が重視された総合的な探究の時間が核となった教育課程、ここに未来のキャリア教育があります。私たち教員のエージェンシーを発揮するのは、この教育を形づくることに対してなのかもしれません。

キャリア教育こそが教育のコア

最後にマイプロジェクトアワード２０２３で高校生特別賞に輝いた岩手県立大槌高校の生徒のプロジェクトを紹介します。地域留学先の岩手県大槌町に古くから伝わる郷土料理「すっぷく」を広めることを目指したプロジェクトでした。生徒がプロジェクトを進める中でもった問いは「私がほしかったものはなんだろう」でした。「すっぷく」が、他県から大槌町に来た自分の居場所をつくってくれたことに気づいた生徒は、プロジェクトをすっぷくで人をつなげるプロジェクトへと進化させます。このプロジェクトは、おいしい郷土料理を広げたいという自分のＷＩＬＬから始まった学びが、それを積み重ねる中で、最終的に自分がほしかったものにたどり着くということを示してくれています。

キャリアは轍です。自分で歩んだ過程が振り返ったときに道になる。それはその人のキャリアに他なりません。積み重ねること、学び続けること、そしていろんな人に出会い続けること、これこそが自らのキャリア形成です。このように考えると、これからのキャリア教育において大切なことは、**多様な人に出会える学びであり、節目で自らの歩みを振り返る機会**でしょう。こうしたことを積み重ねる中で生徒たちは自分の将来の在り方生き方をよりイメージし、よりよい社会を創っていくことでしょう。

転換期にあるキャリア教育ですが、キャリア教育が学校の要であることは間違いありません。OECD は Education2030プロジェクトを進めました。キャリア教育を核としたEducation2040は日本でももう始まっているのです。

【参考文献】
・白井俊（２０２０）『OECD Education2030プロジェクトが描く教育の未来』ミネルヴァ書房

POINT

・キャリア教育では見通しを立てて振り返ることを大切にしよう。
・未来のキャリア教育を考え形にしよう。

7

すべての学びを紡ぎ、未来へつなぐキャリア教育へ

株式会社ベネッセコーポレーション
独立行政法人教職員支援機構　フェロー　山下真司

20年後の生徒たちの姿は？

変化の激しい混沌とした社会、先行きを見通せない予測困難な社会、いわゆるＶＵＣＡ時代と称される今日の社会。世界中を震撼させたパンデミックや、自然災害、国際紛争、テクノロジーの劇的な進化など、この数年を振り返るだけでも実感できる出来事は枚挙にいとまがないでしょう。ＶＵＣＡ時代とは、ひと言で言えば変化のスピードが早い状態が「常態化」すること。「大変な時代を生きるんだよ」で終わらせるのではなく、「だからどうすればいいか」を、大人たちも当事者意識を伴って考える姿勢が問われています。

リンダ・グラットン氏は『ＬＩＦＥ　ＳＨＩＦＴ　１００年時代の人生戦略』（東洋経済

新報社）において、従来の「教育」「勤労」「引退」という３つのステージから、新たな学びを繰り返しながら新しい仕事に挑戦していく「マルチステージライフ」な生き方を唱えています。これは私たちが「選択の時代」を生きるということ。つまり、これまで以上に意思決定する機会の連続であり、ときには選択肢そのものを自ら創り出していくことさえ求められるわけです。社会の変化に応じて自らを変え、不確実性への対応力を備えることは、同著で示されている３つの「無形資産」の１つである「変身資産」が意味するところです。10年後、20年後の社会で活躍する生徒たちの姿をイメージしてみる。そして、育みたい資質・能力の言語化、共通理解化を図ること。個人としての意思決定や集団としての合意形成の機会を増やしながら生徒のキャリア発達を促し、自己実現を支えていく。生徒たちは未来社会の担い手であるからこそ、教員間の意識をすり合わせながらすべての教育活動を紡ぎ直していくチャンスだとも言えるのではないでしょうか。

今なぜ「探究」なのか？

現行の学習指導要領では、中学校までの「総合的な学習の時間」から、高校では「総合的な探究の時間」へと名称が変わりました。なぜでしょうか。学習指導要領の解説には、「社会への出口に近い高等学校が、初等中等教育の縦のつながりにおいて総仕上げを行う学校段階として、自己の在り方生き方に照らし、自己のキャリア形成の方向性と関連付けながら、自ら課題を発見し解決していくための資質・能力を育成することが求められている」（第2章 総合的な探究の時間の特質）と示されています。

さらに、探究で取り組む課題と生徒との関係においては「自己の在り方生き方と一体的で不可分な課題を自ら発見し、解決していく」と図解をもって示されているのは周知の通りです。このねらいを現場の実践に落とし込むことは容易なことではないかもしれません。ですが、この目指す姿に向けて自校の探究学習を近づけていきましょう、と理解すればよいのではと思っています。ただ、探究学習の取り組みが進んできた今、「探究格差」が広がっているように感じています。例えば、生徒たちが発表するポスターセッションでは、教員の指導の姿が透けて見えたり、論理的によく整理されているけれど、いざ質疑応答の場面になると自分の考えや思いを語りきれず、言葉に窮する生徒たちに出会ったりします。

なぜこの問題が気になるのか、こんな社会であってほしいなど、内発的動機を伴ったその生徒ならではの「熱源」があるかどうか。何に取り組み（素材）、どう解決に導きたいのか（アプローチ）、なぜそのテーマなのか（熱源）。探究のゴールは、決して流暢な発表や立派な論文を書くことではなく、自分の進路を自分で決めていくことです。たとえ納得のいく探究成果が出せなくても、悔しさを伴う中で、何ができて何ができなかったのか、どうすればよかったのか、次にどう生かすのかなど、これまでの活動を振り返り（リフレクション）、メタ認知できることや、自らの進路を見通し、社会とどう関わっていくかを考えていけるようになることが大切なのではないでしょうか（下図）。

ある公立高校では、高校1年生の1年間をかけて問いづくりに取り組みます。活動の起点は自分の学びたいこと。問いづくりでは、地域や社会の諸課題など注目することが多いですが、解決したい課題をすぐにあげられる生徒は稀です。もしくは抽象度の高いテーマのまま活動し、高校生では解決できそうもないことに気づき、行き詰まってしまいます。フィールドワーク

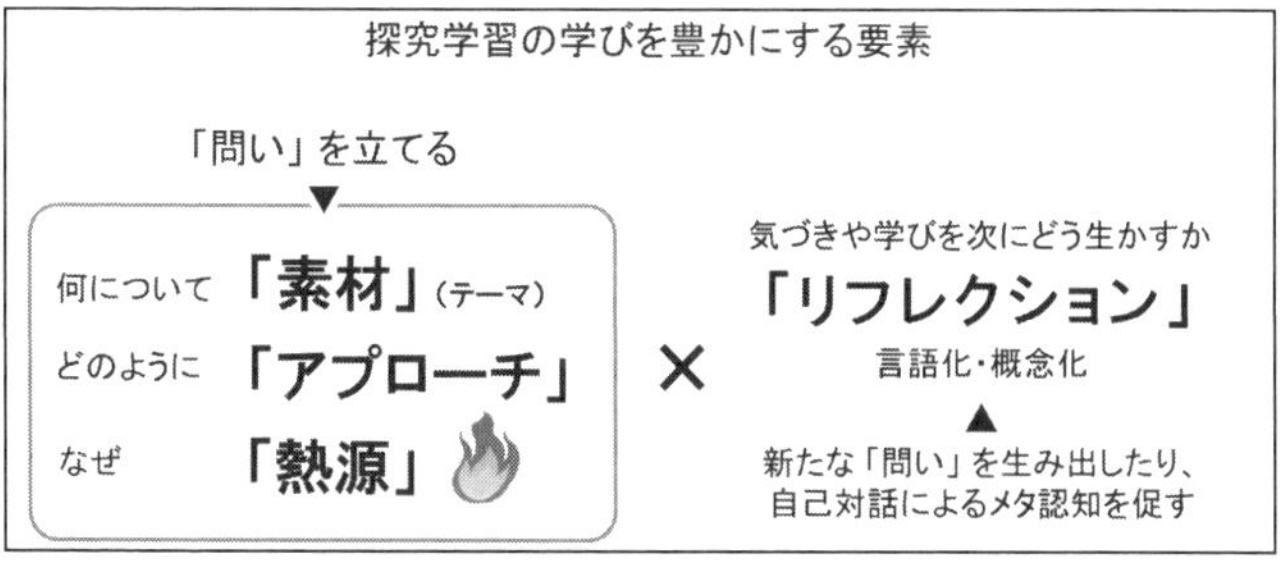

などを通じて地域で活躍する本気の大人や大学生、他校の生徒との交流などを通して多様な価値観に触れ、自身の考えがゆさぶられたその先に、夢中になって取り組んでみたいと思えるマイテーマにたどり着きます。こうして取り組んだ生徒たちは、1年後には「質問して返ってきた答えをそのまま受け入れるのではなく、その答えから新たな疑問を出せるようになった」「行動していくうちに福祉関係が楽しいと思うようになった」など、自身の考えや気持ちの変容に気づいていきます。

また別の私立高校では、「あらかじめ用意された答えがない問題に挑もう」というねらいを掲げ、「クリエイティブフェーズ」「アカデミックフェーズ」「パーソナルフェーズ」の段階に分けて探究学習に取り組んでいます。その教育成果の一環として、探究修了論文と進学先との関係や合格実績が、ホームページ上に公開されています。生徒たちが抱く「好き」や「なぜ」は、進学先の大学での学びや研究はもちろん、やがて社会（課題の解決）につながっていくことに主眼を置かれているのです。

探究とキャリア教育の関係は？

このように総合的な探究の時間の学びは、自己の在り方生き方に向き合いながら自身の進路選択を考える一助となりますが、時数の制約は大きな課題です。普通科の在り方など、学校の特色・魅力づくりを目指して探究を軸としたカリキュラム設計に取り組む学校も見られますが、目指す生徒の資質・能力を育むには必ずしも十分な時間とはいえません。高校生活の多くの時間を過ごすのはやはり授業だからです。「各教科・科目等における見方・考え方を総合的・統合的に活用」（第３章　総合的な探究の時間の目標）できる場面を、カリキュラム・マネジメントの視点からデザインしていくことが求められます。

探究と教科との関係性をイメージ的に表現したのが扇の図です（下図）。各教科等の学びは実社会とのつながりを意識しながら教科横断的

教科・科目と総合的な探究の時間、特別活動の関係性

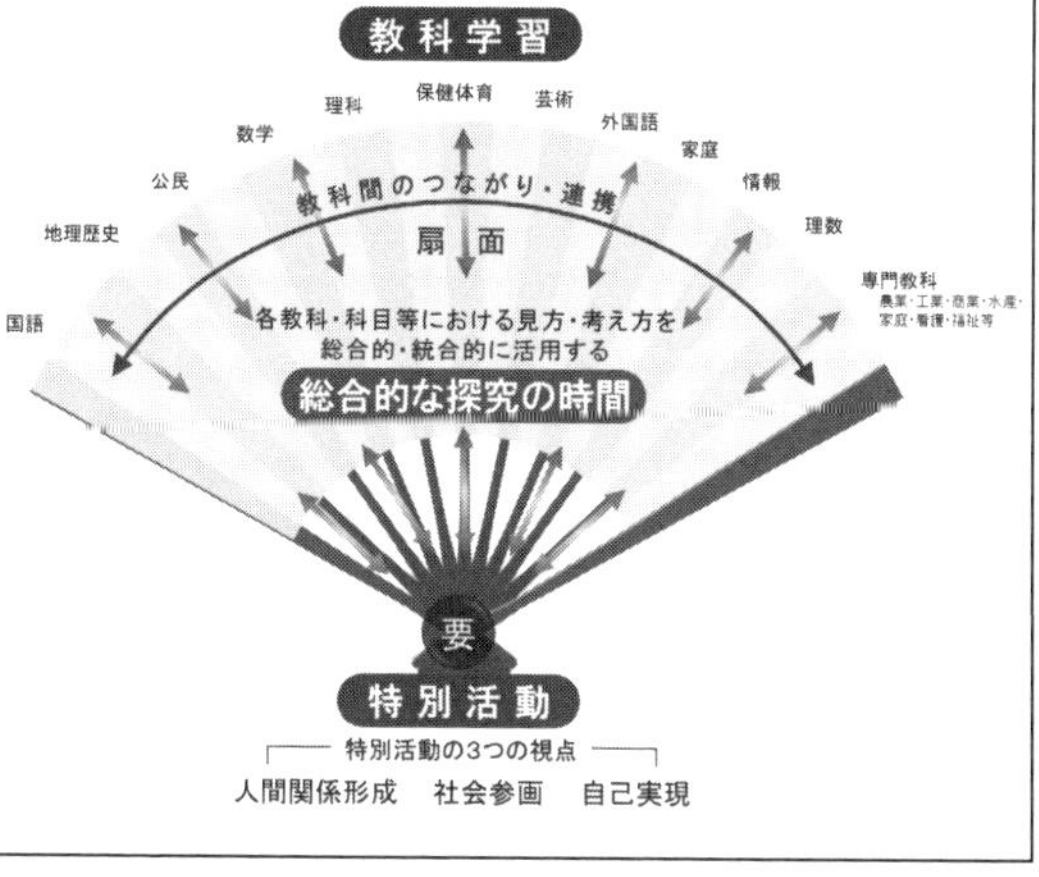

に取り組むことが求められています。同時に、総合的・統合的に活用していく場面となるのが総合的な探究の時間です。他方で、各教科等においても探究的な視点を授業に取り入れていくことで、主体的・対話的で深い学びの授業改善の重要な視点となり、両者は相互作用を生み出すのではないでしょうか（第3章の実践事例を参照）。

そして、この扇の図には忘れてはならない大切な要素が記されています。それは扇を束ねる「要」の部分です。学習指導要領の「総則」には次のように示されています。

「生徒が、学ぶことと自己の将来とのつながりを見通しながら、社会的・職業的自立に向けて必要な基盤となる資質・能力を身に付けていくことができるよう、特別活動を要としつつ各教科・科目等の特質に応じて、キャリア教育の充実を図ること」（第6章 生徒の発達の支援）。

現行の学習指導要領においてはじめて明示的に「キャリア教育」という語句が使用され、その充実について言及されました。その要となるのがすべての学校で取り組まれている特別活動、つまりホームルーム活動、生徒会活動、学校行事です。各教科等の学びや学校生活を送る上での基盤となる力や、社会で生きて働く力を育んでいく活動として機能します。コロナ禍によりその重要性を再認識した記憶はまだ鮮明だと思います。大切なことは、多様な考えや価値観をもった人々との協働や異質なものを認め合う土壌を育むなかで、なすことによって学び、集団としての合意形成や、個人として意思決定する経験を社会に出るまでに数多く積んでおけるかどうかです。「人間関係形成」「社会参画」「自己実現」という特別活動の３つの視点を意識しながら、各教科等の学びや総合的な探究の時間の学びを紡いでいく。生徒を主語として、学校、家庭、地域社会におけるそれぞれの学びが断片化しないよう、ＩＣＴの利活用も含めシームレスに学びをつなぎ、学びの地図の解像度を高め、カリキュラム・ポリシーをより充実したものとしていくことが大切なのではないでしょうか。

人生100年時代において、今後も想定外のことは起こると考える方が自然です。困難や未知のことに直面したときに思考停止に陥らないよう、生徒たちが豊かな人生を切り拓き社会を創造していく「主体」を育むこと。すべての教育活動を通じて、生徒のキャリア形成を支援していく。キャリア教育の意義や在り方について、今一度確認してみませんか。

POINT

・人生100年時代は「選択」の連続。意思決定の経験を多く取り入れる。
・授業、総合的な探究の時間、特別活動をつなぎ、キャリア発達を促す学びへ。

筆者自身の取り組みから キャリア教育の歴史を振り返る

筆者自身のキャリア教育の取り組みを振り返りながら、この間のキャリア教育の歴史を振り返りたいと思います。

キャリア教育の必要性に気づく

私が修士論文の最後に書いていたのが「学校と社会をつなぎたい」でした。そんな思いはさておき、教員になってからは目の前のことに一生懸命な毎日。今振り返ると教員９年目の２００７年度、初めて高校３年生を担任したときにもった違和感が私とキャリア教育の出合いかもしれません。推薦で大学に進学を希望する生徒たちに志望理由書の指導をするときのことです。学校行事や部活動のことを書いてくる生徒たちの文章を見て、先輩の先生は「大学で何を学びたいのかわからない」「学問のことがわかってない」と言いました。その指摘はもっともです。でもその頃の私は「今までそんな指導をほとんどしてこなかったのに、なぜ今になって指摘するのか」という違和感をもちました。私が若く、生徒たちは中学校から担当したこともあり、今以上に生徒目線だったのかもしれません。

キャリア教育の授業から探究・授業改善へ

生徒たちと一緒に私も卒業し、2008年度から立命館宇治高校に異動。新しくできたキャリア教育部を任せていただくことになりました。数年後キャリア教育ブームのようなものが起こり、キャリア教育の必要性が強く言われるようになります。いろんなイベントが増える一方で、お客さま化する生徒たちの姿に違和感をもちました。与えてもらうのではなく自ら動いて社会とつながる経験こそが大切なのではないか、その思いから2013年度に始めたキャリア教育の授業ではサービスラーニングを取り入れました。また、生徒が最も時間を費やしている授業時間でこそキャリア教育ができるのではという思いももちました。そんなときに言われ出したのがアクティブラーニングでした。

数年後、勤務校で総合的な探究の時間を抜本的に改革することになります。時あたかも今の学習指導要領が発表された時期でした。

総合的な探究の時間のカリキュラム開発において大切にしたのは「お客様から生産者

へ」でした。教員も生徒も育つことを目指し教育課程の核となることを目指した時間で、生徒がマイテーマを追求することをゴールとしています。生徒が高校生活で自分の探究したいことを見つけ、実際にそれを探究する総合的な探究の時間は、総合の授業でありキャリア教育の授業だという思いでカリキュラム開発に取り組んできました。

こうやって取り組みを振り返ると、結果的に本校の取り組みも、日本の教育全体の流れも同じような流れだったように思います。キャリア教育・アクティブラーニング・探究とブームとなる言葉は変わっても、ずっと大切にされている本質は「生徒のWILLを育てる」ことです。これは授業時間にも言えることなので、キャリア教育も探究も学校全体で取り組むことが重要なのです。

学校現場にいると目の前のことに追われてしまいますが、こうやって俯瞰して振り返ることで、気がつけばこの15年で日本の教育の中身が大きく変わっていることにも気づきます。一方でなかなか変わらない現実もあります。時代の変化はそういうものなのかもしれませんね。

これから教育はどのように変わっていくかを期待しながらコラムにしてみました。

第2章

探究時代の教科学習デザイン

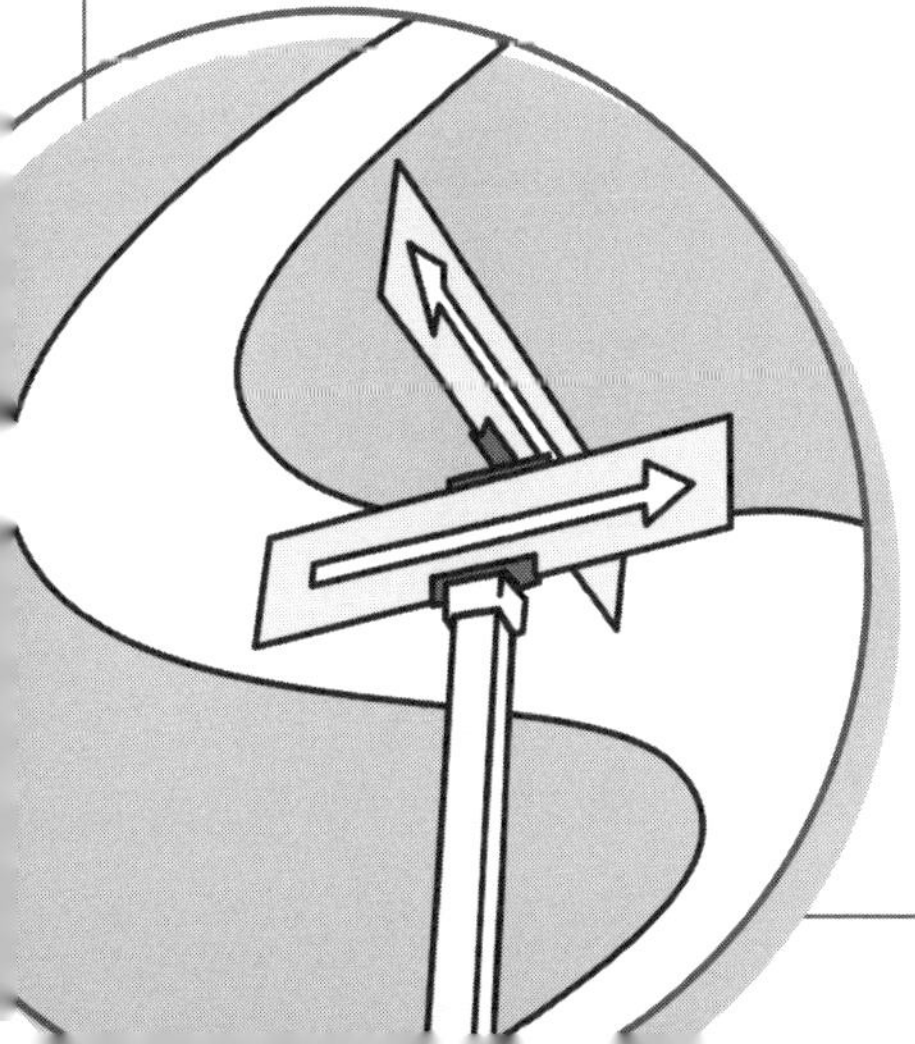

1

探究時代の教科学習のヴィジョン ―「教科する」授業による真正の学びの追求

京都大学　石井英真

探究的な学びのエッセンスをどう捉えるか

「総合的な学習（探究）の時間」の創設、「学びのSTEAM化」を軸にしたプロジェクト型学習（PBL）の推奨をはじめとして、教科等の枠にとらわれない横断的・総合的な学びや、より学習者主体で主題や問いを追究する自律的で探究的な学びが重視されてきた。さらに、「総合的な学習（探究）の時間」で展開されてきた学びのエッセンスを教科でも追求すべく、「理数探究」「日本史探究」等、「探究」を掲げる新科目が設定されるに至った。本節では、探究的な学びのエッセンスを確認した上で、「真正の学び（authentic learning）」の追求という観点から探究時代の教科学習のヴィジョンを提起したい。

「探究」というと、探究のプロセス（サイクル）を回すことに目が行きがちである。しかし、探究的な学びは、生徒たちにプロセスをたどらせて、サイクルを繰り返せばよいと考えると、学びは形式化し空洞化する。特に、教科でも探究的な学びを追求するというとき、課題解決だけではだめで、生徒自身に問いや課題を設定させねばならないといった具合に、「課題発見・解決学習」という形にこだわってはいないだろうか。

「総合的な学習の時間」の創設とともに重視されることとなった探究的な学びは、学習者中心の経験主義の実践に向かうベクトルを内包している。単元の構成について、学問的知識の系統的教授を重視する系統主義では、内容を軸に組織化され、目標達成に向けたクローズドなものになりやすいが、経験主義では、問いや主題を軸に組織化され、課題発見的・目標生成的でオープンエンドなものとなりやすい。探究的な学びは、経験主義における、問いや主題を軸にする単元構成や学びの様式に注目するものと言える。

探究的な学びのサイクルは、生徒たちの追究心や学びの必然性や切実性があってこそ駆動するものである。特に教科学習における探究的な学びの追求という場合、問いや課題を生徒たちから引き出すという形にこだわるよりも、生徒が自ずと思考したくなる必然性や有意味性の追求（教材研究や学習環境のデザイン）や、社会・生活とのつながりから各教科の本質や価値を問い直すこと、それにより生徒の思考過程における問いと答えとの間を長くしていくことが大事だろう。そして、生徒自身が自分事の問いについて息の長い探究を行う機会は、各教科で形式的に追究するよりも、総合的な探究の時間や課題研究等を含んだカリキュラム全体で保障していくことが有効だろう。

「真正の学び」の必要性

探究的な学びのエッセンスを生かした、問いと答えとの間が長い教科学習は、真正の学びの追求というモチーフで考えていくことで実現されていくだろう。第4次産業革命期ともいわれる、変化の激しい現代社会において、学校と社会とのつながりを問うことが課題となっている。しかし、従来の学校の学びは、そもそも社会や生活とのつながりを十分に意識化してきたとはいえない。学校での学びの文脈があまりに不自然で、生活文脈とのつながりがみえないために、生徒たちの本来の可能性や有能性が発揮できていない状況もある。そして、学校で学んでも生活や社会で生きて働かない学力になりがちである。

例えば、ドリブルやシュートの練習（ドリル）がうまいからといってバスケットの試合

（ゲーム）で上手にプレイできるとは限らない。ゲームで活躍できるかどうかは、刻々と変化する試合の流れ（本物の状況）の中でチャンスをものにできるかどうかにかかっており、そうした感覚や能力は実際にゲームする中で可視化され、育てられていく。ところが、従来の学校において、生徒たちはドリルばかりして、ゲーム（学校外や将来の生活で遭遇する本物の、あるいは本物のエッセンスを保持した活動）を知らずに学校を去ることになってはいないだろうか。このゲームに当たるものを学校で保障し、コンピテンシーにもつながる生きて働く学力を形成していこうというのが、「真正の学び」の考え方である。

教科外活動や総合的な探究の時間では、学校行事や自治活動や探究的な学びなど、学校外のホンモノの専門家から学んだり（from ホンモノ）、ホンモノのオーディエンスに向けて表現したり（to ホンモノ）、さらにはホンモノの当事者・実践者とともに（with ホンモノ）、自分たちも活動の責任を引き受けて協働で取り組むこともあるだろう。できる限り真正な文脈で活動し学ぶことで、生徒たちは生活や社会の問題を自分事として認識し、背伸びする経験を通して視座を上げるとともに、自分たちの学校外の生活を豊かにしたり、未来社会を創る力につなげていったりするわけである（社会的自立につながる成長保障）。

「本物」とは、教育的に（時に嘘くさく）加工される前の、現実のリアルや文化の厚みに触れることを意味する。わかっているつもりは、現実世界の複雑さから、また、できているつもりは、その文化や領域の追究の厚みからゆさぶられることで、知と学びは血が通ったものになっていくし、生徒たちの視野が広がり視座も上がっていく。こうした「真正な学び」の核となる部分は、教科学習においても追求されるべきものである。

教科における「真正の学び」の追求とは

学校教育の強みは、現実から距離を取って「立ち止まること」、あるいは「回り道」（知識を系統的に学ぶことなどにより、日常生活を送るだけでは生じない認識の飛躍を実現する）にあるが、生活（生きること）への「もどり」がないために、学校の中でしか通用しない学びになってしまっている。それどころか、「立ち止まり」や「回り道」すらもできなくなっていないだろうか。そもそも学問や文化は有用性よりも遊びに関わる。しかし、学校内外に広がる進学塾的なやり方主義の勉強は、学問や文化を遊ばず、味わわずに、それを筋トレや選別の道具として使ってはいないだろうか。例えば、美味しい料理を味わわずに、早食い大食いを強いられているうちに、それが自己目的化してしまい、味わえなくなるように。思考の体力づくりは大事だが、筋トレのための筋トレは、受験というゲームで勝ち抜くためだけの学力となり、成長の伸び代をつぶすことになりかねない。

問題は解けても、なぜそうなるのかがわからない、難しい問題は解けても基本的な概念が理解できていない、さらには、立ち止まってなぜかということをじっくり考えることに価値を置かず、要は答えを覚えておけばよいという学習観が強まっていないだろうか。理屈がわからなくても問題が解ければ内容を習得したと思い込み、そもそも「わかった」と感じるレベルが浅くなっていて、わからなさを引きずれず、すぐに答えややり方を求めたりと、一つひとつの内容についての学びも浅くなっていて、内容がつみあがらない、応用が利かない、そもそも文章が読めていないという状況も生まれているように思われる。

学ぶ意義も感じられず、教科の本質的な楽しさにも触れられないまま、多くの生徒たちが、教科やその背後にある世界や文化への興味を失い、学校学習に背を向けていっている。社会科嫌いが社会嫌いや社会への無関心を、国語嫌いがことば嫌い、本嫌いを生み出している。「真正の学び」の追求は、目の前の生徒たちの有意義な学びへの要求に応えるものである。ただし、有意義な学びの重視は、教科における実用や応用の重視とイコールではない。教科の知識・技能が日常生活で活きることを実感することのみならず、知的な発見や創造の面白さに触れることも、知が生み出される現場の人間臭い活動のリアルを経験するものであるなら、それは学び手の視野や世界観（生き方の幅）を広げゆさぶり豊かにするような「真正の学び」となる。よって、教科における「真正の学び」の追求は、「教科する（do a subject）」授業（知識・技能が実生活で生かされている場面での活動や、その領域の専門家が知を探究する過程を追体験し、「教科の本質」をともに「深め合う」授業）を創造することと理解すべきである。そして、「教科する」授業は、教科の本質的かつ一番おいしいプロセスを生徒たちにゆだね保障していくことを目指した、教科学習本来の魅力や可能性、特にこれまでの教科学習であまり光の当てられてこなかったそれ（教科内容の眼鏡としての意味、教科の本質的なプロセスの面白さ）の追求なのである。特に、まさに今変化している社会においては、世の中それ自体がワクワクする側面をもち、生徒たちにとって意外性をもっていたり、学びへの切実感を高めたりする素材があふれているのであって、それを教材化しない手はないだろう。表の①～③の3つの視点を念頭に置いて実践を構想したり、検討したりすることで、「真正の学び」の実現を図るのが「教科する」授業という授業づくりのヴィジョンである。また、④の「学びの幅と密度」に関する視点を意識することで、内容の習得・定着や受験学力にもつなげていけるだろう。

表.「真正の学び」を創る視点

①**成長目標ベース（自立（人間的成長）への志向性）**： 本時や単元の「ねらい」の先に、目の前の生徒たちの人間的成長への「ねがい」をみすえているか？　長期的な成長の観点からプロセス寄りで教科の本質を捉え直しているか？「ねがい」から教科の当たり前も問い直す。
②**パースペクティブ変容（教養（鳥瞰的視野）への志向性）**： 生徒たちの生活世界に戻り自己の在り方を問う学びになっているか？「知っている・できる」、「わかる」を超えた「本物」を経験する学習活動（問いや課題）を生徒たちに保障できているか？学力を二層ではなく三層で捉えて、「使える」レベルの学力を意識して単元をデザインする。できるだけ加工する前のナマのホンモノを材とする。
③**エージェンシーの育成（自治（民主的関係）への志向性）**： 生徒が教科書的な正答や教師を忖度する関係を超えて、まっすぐに教材や文化と向かい合えているか？　対象への眼差しを共有する共同注視の三角形の関係性になっているか？　教え込み（タテ関係）でも、学び合い（ヨコ関係）でもない、教師と生徒が競る関係（ナナメ関係）を構築する。
④**力を付ける工夫（学びの幅と密度）**： 知識の吸い上げ（１人１台端末や資料集などを並列で広げ、教科書をも資料の１つとして、それらをめくることを大事にする）、協働と個の往還（グループでみんなで充実した学びをしたのであれば、そこでの議論を整理・総合しつつ、その思考の道筋を個人で静かにたどり直して自分のものとすること）を重視する。

出典：石井英真編著『高等学校　真正（ほんもの）の学び、授業の深み』学事出版、2022年、18頁。

2

授業の今と未来

今求められる授業改善

東京学芸大学は高等学校における授業や先生方の教育モデルを開発・普及するプロジェクトとして「高校探究プロジェクト」を2021年4月に立ち上げました。プロジェクトの背景として「大学入試や就職試験資格試験対策など、出口指導による従来の知識伝達型の教育から離れられない授業も少なくない」現状と、「各教科の授業と総合的な探究の時間をまったく別のものと捉える」現状があることを指摘しています。

学習指導要領では主体的・対話的で深い学びの実現が求められています。ここで大切なことは、**主体的・対話的で深い学びは育成を目指す資質・能力を確実に育むためのもので**

あり、授業改善の視点なのです。学習指導要領解説には「（授業改善とは）我が国の優れた教育実践に見られる普遍的な視点を学習指導要領に明確な形で規定したものである」とも書かれています。今こそ授業改善が求められる理由はここにあります。

共通テストは「知識及び技能」だけではなく、「思考力、判断力、表現力等」の力を測ろうとして作問されています。その背景には、授業の課題を国としても把握し、入試が変われば授業も変わるだろうという仮説があります。一方、多くの先生は教科を通じて育てたい力として「思考力、判断力、表現力等」に相当するものをあげる方が多く、次が「学びに向かう力、人間性等」です。つまり、国の施策も、授業を担当している教員の思いも共通しています。

授業改善の重要性は昔から言われ続けていることです。少し前にアクティブラーニングが強く言われたときも、本質は生徒が自ら学ぶことを実現する授業改善でした。その後アクティブラーニングはあまり言われなくなり、探究にフォーカスしたと思っている方も多いかもしれません。しかし、大切なことは生徒が先人の探究を追体験できるような授業づくり、つまり生徒が探究する授業づくりです。授業改善の重要性は不易であることを忘れてはいけません。

授業づくりの核となるもの

授業づくりを考えるにあたって育成を目指す資質・能力が核となります。この言葉は「授業を通して生徒にどんな力を育てたいか」と言い換えれば、よりわかりやすいかもしれません。例えば数学を例として考えると、「論理的に考える力」「すでにもっている知識や道具を使って、課題を解決する力」など数学を通して育てたい力はいろいろあります。探究やキャリア教育において、振り返りは重要ですが、その際に具体と抽象の往還ができると学びは深まります。この具体と抽象の往還は数学でこそ育てることができる力です。「わからないことに対して粘り強く考える力」も数学で育てることができる力でしょうか。

資質・能力ベースで教育活動すべてを貫いている学習指導要領では、すべての教科において目標が3つに分けて書かれています。その3つは「知識及び技能」「思考力、判断力、表現力」「学びに向かう力、人間性等」に対応しています。例えばある公式を知り、その公式を使って問題を解く力は「知識及び技能」になるでしょうし、先ほど書いた「論理的に考える力」は「思考力、判断力、表現力」、「粘り強く考える力」は「学びに向かう力、人間性等」になるでしょうか。３つの目標ですが、１つ目の「知識及び技能」は各教科固有である場合が多いのに対して、それ以外の２つはいろいろな教科で育てることができます。例えば加法定理の知識は数学の授業以外で育てることは難しいです。しかし「論理的に考える力」であれば、国語で文章を書くとき、理科であることがらが起こる理由を考えるときなど、様々な教科で育てることができます。

総合的な探究の時間の学習指導要領解説には「実社会や実生活における課題を探究する総合的な探究の時間と、教科の系統の中で行われる探究の両方が教育課程上にしっかりと位置付き、それぞれが充実することが豊かな教育課程の実現につながると考えられる」と書かれています。各教科での学びが総合的な探究の時間で発揮されると、教科での学びも総合的な探究の時間の学びも充実します。そして豊かな教育課程の実現は、生徒がよりよい社会と幸福な人生の創り手となる力を身に付けるためのものですが、これは生徒の卒業後のその先を見据えたキャリア教育そのものです。育成を目指す資質・能力を確実に育むための授業改善が、すべての取り組みの根源になるのです。次節では、実際の授業を例としてこのことについてもう少し考えたいと思います。

3

教科の授業×キャリア教育＝生徒が探究する授業

コミュニケーション力に注目した英語の授業

教科の授業におけるキャリア教育について、実際の授業をもとに考えたいと思います。

1つ目は文部科学省が発行する『中学校・高等学校キャリア教育の手引き』掲載の、英語コミュニケーションⅠの授業です。「校則について」をテーマとした単元で、生徒たちは自校の校則について考えたり、英語の資料から諸外国の校則についての様々な意見を読み取ったりします。ＡＬＴから校則の背景にある国の文化について聞き、英語でディスカッションする時間もありますが、最終的には英語で校則についての意見を伝え合います。

この授業において資料に書かれている言語は英語で、人に意見を伝えるのも英語です。

また意見交換にあたっては、理由を述べる表現（That's why や because など）を必ず使うことになっています。この授業では、英語についての一定の知識・技能を身に付けさせたいというねらいもありますが、もっとも育てたい力は「場面に応じて相手に配慮しながら自分自身の考え等を伝える表現を選んで英語でやり取りする力」であり、これはコミュニケーション力に他なりません。こうした力がつくように授業が設計されていることも注目すべきところです。資料を読んで自分の考えを英語でまとめる力や、自分がそのように考える理由を述べる英語の表現を使える力。これらの力を育てることだけを考えれば他の授業展開も可能かもしれません。しかし、実際の場面でも使えるコミュニケーション力を育てることをねらいとしているこの授業では、**日常的な「校則」をテーマとし、自分の考えを他者とやり取りせざるをえない状況をつくることで、育てたい力が育つ**授業になっているのです。

科学的に探究する力を育てる理科の授業

２つ目はリクルートが発行する『キャリアガイダンス』vol.447より、理科（化学）の

「錯イオンの生成」についての実験をメインとした授業です。授業の冒頭で先生から「予想や仮説をもつことの大切さ」が強調されます。その後、生徒たちは3つの実験を行います。教科書に書かれていることを確認する実験から始まり、生徒が予想を立てて行う実験、そして学んだことを深める実験です。

生徒たちは実験や先生の補足説明を通じて錯イオンについての知識を学びます。しかし**育てたい力は「未知のことに遭遇したときに自ら課題を発見し探究していく力」であり、「仮説→実験→検証という探究のプロセス」なのです。**錯イオンについての知識を定着させるということだけなら、1つ目の実験で終えても十分かもしれません。2つ目や3つ目の実験は育てたい力を育てる授業にするための実験なのです。

この2つの授業がコミュニケーション力や未知のことに遭遇したときの考え方という、生徒の将来につながる力を育もうとしていることは言うまでもありません。生徒たちはそれぞれの授業でその教科ならではの見方や考え方に触れながら、将来につながる力を育んでいるのです。またいずれの授業も生徒が自ら問いをもち、生徒が探究する場面があることも共通しています。この2つの例からわかるように、教科を通じて育てたい力を考え、その力が育つ授業を実践すると、キャリア教育の視点を大切にし、生徒が探究する授業になるのです。

育てたい力が育つ授業づくりをすることが大切

育てたい力が育つ授業にすることこそが、授業準備で大切なことです。ここで紹介した2つの実践例からもわかるように、育てたい力には生徒の将来を考えた力が必ず含まれるので、それはキャリア教育の視点をもった授業に他なりません。また、**育てたい力が育つ授業を実践すると、結果的に生徒は探究している**のです。

ところで、授業で学ぶのは生徒です。こちらの思いが生徒に届いているとは限らないことも忘れてはなりません。数学の授業で論理的に考える力を育てたいという思いから証明を重視しても、結果的に生徒はテストで減点されないように証明を暗記してしまい、論理的に考える力ではなく暗記する力が育ってしまうというのはよくあるケースです。大切なことは、**こちらがどう教えたいかではなく、その授業で生徒がどう学びそうか**なのです。

キャリア教育の視点をもち、生徒が探究する授業を実践するためにどうすればいいのでしょうか。４節と５節で、このことについて考えたいと思います。

4

生徒が探究する授業にするための ちょっとした工夫

発問と指示で授業は変わる

授業は発問次第で探究的になるということを忘れてはいけません。発問によって生徒は疑問をもち、それを解決したいと思います。そこから始まる学びが探究的な学びなのです。

発問については、小学校の実践から学べることが多いです。ここでは、大阪府公立小学校教頭の今村友美先生の実践を参考に考えてみたいと思います。

例えば、国語「ごんぎつね」の最後の場面、ごんが兵十に撃たれた場面の発問について、今村先生は「撃たれたときのごんの気持ちを考えてみましょう」「撃たれたごんは、なぜうなずいたのでしょうか」という2つの発問を比べています。後者は、なぜうなずいたかを問うているため、その理由や根拠を本文から探し考えながら読むことが予想されます。これまでの主人公の気持ちの変化にも着目するでしょう。本文を基にした話し合いになるため、児童は作品をより深く読みます。児童の学び方は、自分なりに仮説を立て、その根拠を本文から探し、表現する探究的な学びにつながります。このような例は国語に限りません。数学でも生徒の頭に「？」が浮かぶ発問ができるかどうかで、その後の授業が大きく変わることは多いです。

指示を少し変えるだけでも生徒の学び方は大きく変わります。あるとき若い先生の社会科の授業を見せてもらいました。プリントに穴があいていて、先生の説明に従って生徒が穴を埋めていくという授業でした（もしかしたらよくある授業なのかもしれません）。ところがあることをきっかけにその先生は授業スタイルを変え、生徒が教科書などを見て穴埋めをしてから、必要があれば先生が説明するという形にします。授業で使うプリントは学年で共通しているものなので変えられないのですが、進め方は自分で決めることができます。その結果、説明する量は以前の半分以下になったのに、生徒たちの理解度は上がったとのことでした。答えを自ら見つけるか、与えてもらうかで学びの質は大きく変わるのです。生徒たちは答えを知りたい状態で説明を聞くので、より定着するのでしょう。この先生が授業スタイルを変えたきっかけは、他の先生の授業見学です。その授業での生徒の学ぶ様子が自分の授業と大きく違うことに気づき授業を変えたのです。

このように発問や指示を少し変えるだけでも生徒の学び方が大きく変わります。大切なことは、生徒の疑問から授業を展開すること、教員ではなく生徒が頭を使う授業にすることなのです。

生徒を信じることが探究的な授業をつくる土台かもしれない

生徒が探究する授業にするためにもう1つ大事なことがあります。それは「生徒を信じること」です。自分が大いに反省したことを紹介します。

ある年に担当した生徒たちは、これまでの生徒たちと比べて計算力や理解力が弱いように感じていました。私は生徒たちの学ぶ力を信じられず、いつしか一方的な説明が多くなっていきました。そのクラスで研究授業をすることになり、単元のまとめとなる問題を与え、生徒がその問題に対して様々な解き方を考えるという授業を考えました。私は準備段階から、生徒たちがこの問題を解けるだろうかとずっと不安でした。いろんな先生と一緒に指導案を検討したのですが、どんな意見を聞いても「高いレベルの意見もあるけど、この生徒たちにはあてはまらない」と思ってしまう自分がいました。

ついに研究授業の日が来ました。不安しかなかったのですが、実際に授業が始まると、生徒たちはこちらの予想を超えて熱心に取り組み、想像以上の解法で問題を解きました。事後の検討会で「先生が思っているより生徒のポテンシャルは高い」という意見が多く、指導助言では「先生が生徒はできないと思っているその気持ちが、生徒を本当にできなくさせていたのではないか」ということを指摘されました。生徒を信じられず、一方的な説明が多くなっていた自分を反省した瞬間でもありました。公開授業の後から、私は以前より生徒たちを信じられるようになり、生徒たちはそれからより力を付けていくようになりました。

この経験を通して私は、生徒が探究する授業づくりでは、生徒の学ぶ力を信用することこそが大切だということを改めて学びました。生徒たちは学ぶ力があるという信頼を前提として、生徒たちの力を引き出せるような発問や指示を考えることが重要なのです。

【参考文献】
・今村友美（２０１９）「子どもの思考をぐんと深める『発問』のコツ」『みんなの教育技術』小学館

5

単元レベルでの授業デザイン

授業づくりの際に必要なダブルバインドの理解

ダブルバインドとは、メッセージとその裏に隠されたメタメッセージとの間に矛盾が含まれている状態のことを指します。例えば親が遊んでいる子どもに対し、「ちゃんと勉強をしなさい」と命令した後、「ちょっとこっちに来て夕食づくりを手伝って」と依頼をしたとします。子どもは「勉強」と「家事手伝い」の2つのタスクを同時にこなせず、どのように行動・選択をしたらいいのかわからなくなってしまいます。このような心理的拘束をダブルバインドと呼びます。大切なことは「ダブルバインドは悪いこと」という認識をするのではなく、「ダブルバインドは何かをするときに必ずついてくるもの」と捉えることです。矛盾しているようでどちらも大切なことである場合も少なくありません。「（学習指導要領の趣旨をふまえて）生徒が考える授業をする」と「（受験などを考えて）授業の進度を確保する必要がある」という点がダブルバインドだと受け取られることがあります。仮に生徒が考える授業をすることで進度が確保できない状況があったとします。このとき「もっと生徒が考える授業をしたい」と思う人は、「進度の確保」とのダブルバインドに苦しみます。その際にダブルバインドをただ批判するだけでは「この学校では進度を確保しないとダメだから、考える授業なんてできない」という結論になってしまうでしょう。しかし、**ダブルバインドを受け入れることができれば、例えば「単元の中でこの時間は生徒が考える時間中心にしよう」など、実現可能な方法を考えることができます**。楽しく授業できるのも、実際に生徒が探究する授業になるのも後者です。大切なことは、どちらも重要だと理解した上で限られた授業時間をどうマネジメントするのかです。

単元を見通した授業デザイン

ダブルバインドを受け入れた上で、実際の授業を考える際には、１時間単位ではなく単元を見通して考えることが重要です。「単元」という言葉は高校の先生にはあまりなじみがないかもしれませんが、学習内容のひとまとまりを指す言葉です。教科にもよりますが「章」などをイメージすればいいかもしれません。以下の順番で考えていくと、単元を見通した授業デザインができます。

①その単元が終わったときに生徒にどのような知識・技能が身に付いていてほしいですか。
　また、どのような思考・判断ができ、それをどのように表現できてほしいですか。
②単元の終わりに①が身に付いているかどうかがわかるような課題・問題としてどんなものが考えられますか。
③②ができるようになるため、単元をどのように組み立てますか。

　これらの問いに答えるのが難しい場合、学習指導要領や教科書および指導書を見ると参考になります。そして③を考える際に、「知識及び技能」と「思考力、判断力、表現力」のバランスが大事ということに気づくでしょう。

単元を見通した数学Ⅰの授業デザイン

数学Ⅰの図形と計量の例を紹介します。この単元の標準指導時数は約21時間です。正弦定理や余弦定理など定着が求められる公式がいくつもあり、一定の計算力も必要な単元です。そのため公式の定着や計算の習熟をメインとする「知識及び技能」中心の時間もあります。しかし21時間あるからこそ、演習量などを調整すれば1時間なら捻出可能です。その1時間を使って、生徒の探究を重視した授業を実施することができます。単元の最後にパフォーマンス課題として、建物の高さなどを求める問題を出すと、この単元で身に付けるべき力が身に付いているかを評価することもできるでしょう。

このように単元を見通して考えると、３つの資質・能力のバランスを考えながら指導計画を作成することができるのです。

単元を見通して考えることの重要性はすべての教科に共通することです。単元を見通して授業づくりを考えることで、生徒が探究する授業を実践することが可能になります。その授業はキャリア教育の視点を捉えた授業になるでしょう。

単元計画と指導案を以下からダウンロードできます

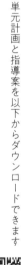

6

授業改善の取り組みから生まれる未来

教科の授業と総合的な探究の時間の連携

ある先生から聞いた話です。その先生は国語科の先生ですが、総合的な探究の時間（以下、総探と記載）のカリキュラムづくりも担当されていました。総探で地域との連携を進めるにあたって、お礼状などの書き方も扱う必要があるのに、その時間が足りないことに悩まれていました。どうしたらいいか悩んでいたときに**「これって総探でやることだろうか？」という疑問**をもったそうです。文章の書き方は現代の国語でも扱うということに気づかれたその先生は、お礼状などの書き方は現代の国語で扱うと決めます。このことによって総探の授業時間が足りないという課題が解決されただけでなく、現代の国語の学習の質が向上するという効果も生まれたのです。理由は、生徒が現代の国語でお礼状などを書くことを扱った際に、使う場面がイメージできていたことです。結果的に生徒のモチベーションは向上し、よりよい学習になったのはもちろん、授業改善にもつながったのです。

本校でも似た事例がありました。本校の英語科では、生徒が自分でテーマを決めてスピーチをする取り組みをしています。あるとき、生徒がテーマを決めるまでの過程に総探で学んだ「テーマ設定」の方法を活用しました。生徒のテーマ設定に至るプロセスがよくなったようです。また、政治経済では長年、生徒が宇治市議会に政策提言をするという取り組みをしていますが、本校の総探で地域魅力化を扱っていることをふまえて、生徒の考えた地域魅力化の中でよかったものを授業でブラッシュアップして政策提言する形に変更しました。その結果、提案の質が向上し、よりよい取り組みになりました。

知識や技能は使うことで定着します。また、知識や技能はいろいろなところで使われることで理解が深くなります。私たち教員が、学んだ知識や技能を使う場面を教科の壁を超えてデザインすることは、ＡＩが登場し知識をもっていることの価値が下がっていくこれからの時代において、ますます重要になります。大切なことは、総探と教科が連携する場面をつくることと、そのことによる学びの質の向上なのです。

総探と教科を連携するというときに、大きく分けて2つの方法があります。それはコンテンツでつなぐ方法と、コンピテンシーでつなぐ方法です。例えば、地域魅力化という学び（コンテンツ）を政治経済と総探でつなぐのはコンテンツでつなぐ方法です。論文を書く際に、書き方は国語で扱い、テーマ決めは総探というのもコンテンツでつなぐ例と言えるでしょう。

コンピテンシーでつなぐというのは、育てたい力に注目する方法です。例えば「思考力を育てる」ことを意識して複数の教科で連携する取り組みを考えることは、コンピテンシーでつなぐ例です。この場合、数学で解き方を教えすぎず、生徒が持っている道具から解くことを重視した授業を行い、他教科や総探でもそれぞれの特色を生かしながら「思考力を育てる」取り組みをすることが考えられます。

このように総探と教科をつなぐ取り組みを進めることは、カリキュラムマネジメントという点で大切ですが、もっと大きな意味があります。それは**教員の授業力が向上すること**、**教員が自分の教科の教科観を深められること**です。こうして総探を核として教科と連携することで、授業改善の取り組みも進んでいくのです。

学校は授業から変わる

学校の存在意義が問われる時代ですが、私たち教員の本業は授業です。そして生徒が学校でもっとも授業を費やしているのも授業です。学校で最も重要なのは授業時間で、学校は授業から変わることを忘れてはいけません。

時代によって教員に求められる力が変わることは事実です。しかし教員にとって授業をつくる力は、不易として求められる力です。授業をする際に大切な、学習する雰囲気をつくること、生徒の様子を見ながら必要な指示を与えること、目の前の生徒が理解しやすいような言葉で説明することなどがあります。ここにはすべての教育活動で大切なことがたくさん含まれています。このように考えると、**授業づくりは教師の基礎体力**とでもいうべきものなのでしょう。

この章では探究時代の教科学習デザインについて考えてきました。そもそも教科を学ぶことは探究することなので、生徒が学ぶ授業は探究的なものになるはずです。また生徒が社会に出たときのことを考えて授業で育てるべき力を設定することは、キャリア教育の視点に他なりません。授業にキャリア教育の視点を入れること、授業を探究的にすることは、目的のように思われるときがありますが、実は結果として自然に起こることなのです。大切なことは、授業での生徒の学びの質であり、質を考える際に大切なのが教科の見方・考え方です。各教科にはコンテンツがありますが、授業の中で生徒がコンテンツを学びながら、その教科ならではの見方・考え方を働かせているかどうかが重要なポイントなのです。もちろんどの教科にもその教科固有のコンテンツがあり、コンテンツを学ぶ、知識及び技能に重きを置いた授業も必要です。大事なのはバランスです。バランスを意識するためにも授業づくりを1時間ではなく、単元レベルで考えることが必要なのです。

この章では授業づくりについて考えてきましたが、もう1つ大事なこととして「教員集団の在り方」があります。生徒の学びと教員の学びは相似形と言われ、教員研修の在り方も教員自らが課題設定をして学ぶ形に変わろうとしています。よりよい授業をつくることは教員にとって最も大切な探究課題ですが、学校全体がよりよい授業を探究する教員集団になれば、授業から学校が変わることが現実になることは間違いありません。

100ページのコラムで中森先生が若狭高校の事例を書かれています。このコラムは学校全体で生徒の資質能力を育てることを実現させるのは、学び続ける教員集団ということを実例で示してくださっています。日本の学校には古くから教員同士で学び高めあう文化があり、日本の授業研究は海外からも注目されています。**授業改善の先にある、教員集団の変容こそが、未来を切り開く生徒を育てる**ことにつながるのです。

さて、ここまで書いてきたことを実際に実践しようと思うときにどうすればよいでしょうか。それぞれの役割に応じてできることをまとめてみました。

小・中・高校の教員ができること

教員は学校の中にいて日々生徒と関わります。そのためいろいろなことが可能ですが、その際に校内での自分の役割を意識するとよいかもしれません。

①役職はない先生

授業にもっとも力を注ぐことができます。第2章を読み返し、キャリア教育の視点をもち、生徒が探究する授業をすることに全力投球することが大事です。同時に勉強会に参加するなど学校外の人とつながることも大切です。そのつながりが次のアイデアになり、自分が役割をもったときに生かされます。

②キャリア教育や探究の責任者、学年主任の先生

ミドルリーダーとして大切な役割を担っています。自分の授業はもちろん、分掌や学年など任されているところで、キャリア教育や探究の取り組みを進めましょう。他校や学校外の方からの情報収集が大切です。管理職の思いと現場の思いの接点を意識すると、何事もスムーズに進むでしょう。

③管理職の先生

学校の進み方を決めるのは管理職の先生です。ときには自ら先頭に立ち、ミドルリーダーの先生がリーダーシップを発揮できるように動きましょう。学校外の方と協力し、意欲ある若手とその方をつなぐことも大切かもしれません。こうした取り組みを進めると、探究とキャリア教育を核とした学校になることは間違いないでしょう。

大学の先生や学校外の方ができること

第３章のキャリア教育コーディネーターの方の取り組みを参考にして、学校文化を理解し、その上で専門性を生かして学校に協力してください。文化を理解した上での専門性の発揮は学校にとって欠かせないものです。

POINT

・育てたい力を考え、生徒が探究する授業づくりをしよう。
・教科と総合的な探究の時間を連携しよう。
・学校全体で授業改善に取り組む教員集団になろう。

COLUMN 3

若狭高校での授業改善の取り組み

探究と授業改善の取り組みをリンクさせながら、学校全体で取り組みを進められている若狭高校の実践について、中森前校長先生に寄稿していただきました。

教員の実践コミュニティによる3つの取り組み

若狭高校（福井県小浜市）は、普通科・文理探究科・海洋科学科・定時制普通科をもち、近隣地域の中学生の6割近くが入学してくる地域の総合高校である。生徒の希望進路も多岐にわたっており、学力の幅も大きい。さらに毎年のように新採用教員が赴任し、教員全体の3分の1近くを20代から30代前半の教員が占めている。こうしたことから、若狭高校では常に教員の授業力向上が課題であり、そのために様々な取り組みを行っている。

ここでは教員の「実践コミュニティ」という視点から3つの取り組みを紹介する。

1つ目は、教務部が主催する全教員による授業研究会である。２０１４年度から若手授業力向上塾を立ち上げ、若手とベテランが教科の枠を超えて互いに授業を見合う会としてスタートした。最初にベテランが授業を公開してグループで参観し、その日の放課後に茶菓子などをつまみながら授業での工夫点や日頃の悩みなどについてざっくばらんに語り合う機会をもつというものである。ベテランが率先して授業を公開し、ある意味「恥」をかくことで若手の授業公開へのハードルを下げるとともに、研究会ではそれぞれの授業のよさを認め合い、悩みなどを共有することで互いに学び合える関係を築いている。２０１９年度からは、この取り組みに加えて全教員が教科の枠を超えてグループを組み、約１か月で互いに授業を見合い研究会を行う「互見授業」を実施している。

２つ目は、ＳＳＨ・研究部が主催する探究学習についての研修会である。若狭高校では担任と副担任を中心に全教員が各クラスに入り全校体制で探究学習を支援している。また「指導から支援へ」と教育観の転換を図り、教員は伴走者として生徒を支援している。指導や評価については、横浜国立大学の脇本健弘先生と内田洋行との共同研究で開発したツールを活用している。年２回生徒対象にアンケート調査を実施し、その結果を基に各学科の特徴や課題を明らかにするとともに互いの支援方法や日頃の悩みなどを語り合いながら探究の授業デザインについて学び合っている。昨年度からはこの研修会に生徒や地元小中学校の教員も参加し、生徒主体の探究や小中高の接続についても検討を重ねている。

3つ目は、学年会主催による一人ひとりの生徒に焦点を当てた学習・進路検討会である。若狭高校では、2020年の新型コロナウイルスによる3か月に及ぶ臨時休業を機に学年会を中心に一人ひとりの生徒への支援を徹底する体制を構築した。担任は年間数回にわたり面談を行い生徒の「やりたいこと探し」に伴走するとともに、各教科への理解度や授業の様子などを把握して学習支援を行い、課題を教科担任と共有することで授業改善に役立てている。

このように若狭高校では少なくとも3つの実践コミュニティによる授業改善への取り組みがなされているが、それが形骸化しないのはそれらが管理職によるトップダウンではなく先生方によるボトムアップの提案および実践になっているからである。そして、それを可能にしているのが、毎年異動が多く常にメンバーが変わっていく教員集団が、多様な学科で学ぶ生徒たちの学びをいかに保障していくかという視点に立ったときに、教員が互いに学び合い高め合っていく集団＝実践コミュニティを基盤に絶えず授業改善を図っていくことが、生徒はもちろん教員にとって欠かせないことを先生方自身が実感しているからである。

第3章

探究とキャリア教育・教科学習をつなぐ実践事例

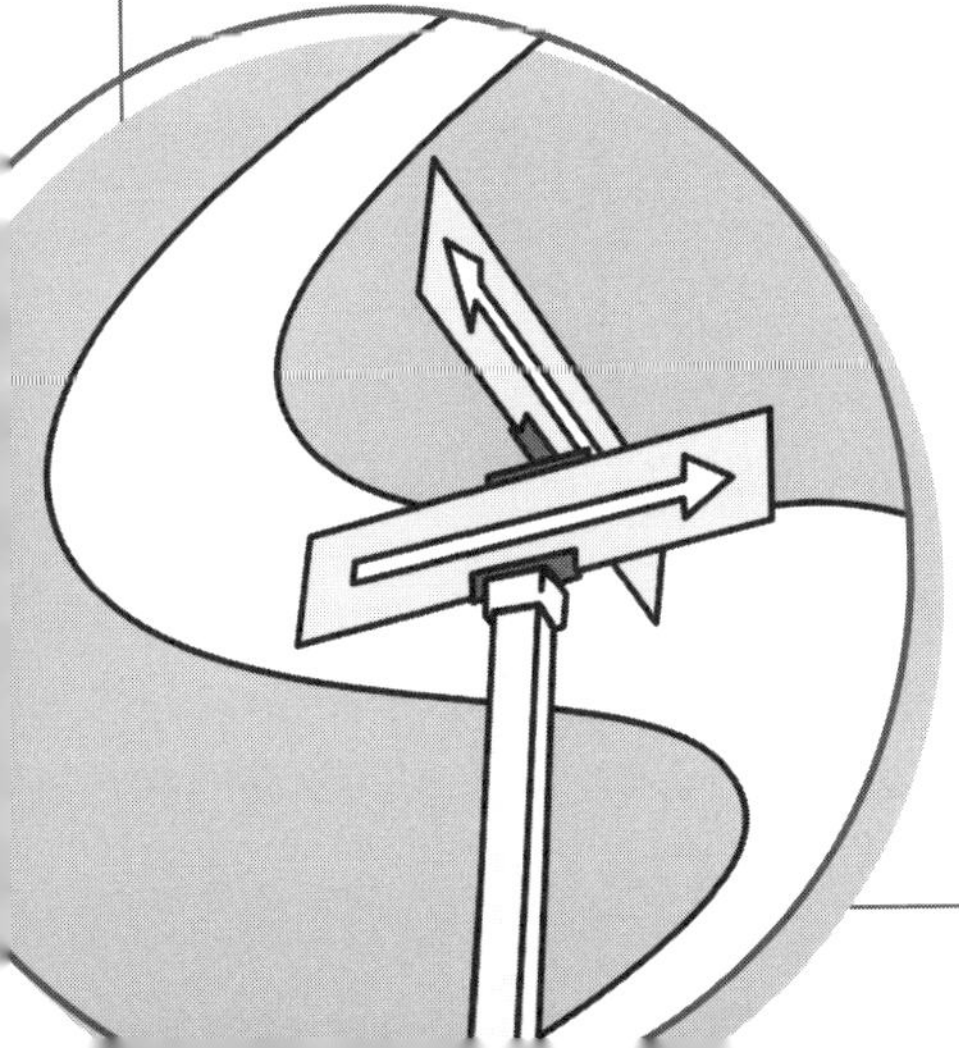

CASE 1

国語　学びを自分や社会とつなぎ、自己効力感を高める

福岡県立八女農業高等学校　平川裕美子

自分の「考えを形成・共有」し、探究的に学ぶ授業

これからの変化の激しい社会に出て活躍していく生徒たちは、人と協働し新しい価値観を創造していく思考力や表現力、コミュニケーション能力がますます求められます。高等学校学習指導要領においても、国語科の目標には「(2) 生涯にわたる社会生活における他者との関わりの中で伝え合う力を高め、思考力や想像力を伸ばす」とあります。

その一方で、自分の考えを言葉にすることを苦手とする生徒が少なくないと感じます。例えば、意見を求めると自分の考えをうまく伝えきれず、単語で答えるのみでその根拠について論理的に説明できなかったり、記述問題を避けたりすることなどです。これは、自

分の考えをもち言語化して伝えることにあまり慣れておらず、深く思考し表現する力の不足や、自分の考えに自信がもてず、学びの一歩を踏み出せていないことが考えられます。

学習指導要領の改訂で、国語科では学習過程の明確化が図られ、特に、文章を読んで理解したことに基づき、自分の「考えを形成」する学習過程が重視されています。言語能力を育成する要の教科として、言語活動の充実を図り、言葉を通して実社会や自分の体験の中から情報を収集・吟味したり、自分の思いや考えを広げ深めたりして探究的に学ぶことが大切です。また、これらは社会で求められる力としても重要です。そして、自分の「考えを形成」するためには、他者との多様な交流を通して表現を工夫して伝え合い「考えを共有」する場の設定が有効だと考えます。このような学びを通して、自分や他者に対する理解を深めて自己の在り方生き方を見つめ、自信をもって学びに向かう生徒を育てたいと思っています。自分の考えを形成・共有し、探究する２つの授業実践をご紹介します。

自分の意見を「ニュースキャスター」として伝える

生徒が自らの興味・関心と社会をつなぎながら、自分の「考えを形成」する手立てとして、「ニュースキャスター」という役割や伝える場面を設定して、新聞記事の要約と自分の意見を伝える学習活動を通して、思考力・表現力を育成しています。

現代の国語　単元名「複数の情報を吟味し、ニュースキャスターとして自分の意見を伝えよう」	
一次	①新聞記事の構成や要約の仕方を理解する。
二次	①興味・関心のある分野ごとに班分けし、班ごとに選んだ社会課題や話題について数社の記事を比べ読みし、情報の妥当性や信頼性を吟味し、ニュース原稿を書く。 ②意見文の書き方を学び、ニュースについての自分の意見文を書く。【書くこと】 ③キャスターとして班でニュースと意見を伝え相互評価する。【話すこと・聞くこと】
三次	①班ごとの代表者は、それぞれの分野のニュースと自分の意見を伝える。②自己評価する。 ※様々な社会課題等を伝えるため、1つのニュース番組になる。

生徒たちは、新聞記事を要約して考えを伝える活動を通して、徐々に他者に伝えることを意識し、客観的に話せるようになってきました。また、興味・関心のある分野ごとにグループを分けて意見交換を行ったため、社会や自分の進路に対する意識が高まる機会となりました。さらに、この実践を国語の授業だけでなく総合的な探究の時間と連携して実施したため、多くの先生方に指導に関わってもらうことができました。英語科の授業において英字新聞を使って同じ活動をしていただいたり、家庭科や情報科等の授業で、生徒たち

が選んだ新聞記事や意見文を、関連する単元の中で活用してもらったりすることで、教科横断的に学習内容と社会のつながりを理解させることができました。

問いを立て深く読みとる『羅生門』の授業

言語文化　単元名「2つの作品を読み比べ、作者の表現意図を読み取ろう」　教材『羅生門』	
一次	①『羅生門』とその原典『今昔物語集』を読み比べ、相違点や疑問点を見つける。 ②特に重要だと感じる相違点について、「作者はなぜ〇〇と変更したのか」など、作者の変更意図を読み取るための自分なりの「問い」を立てる。
二次	①「問い」の解決に向け、本文の叙述を根拠に複数の情報を関連付けて作者の変更意図を考察し話し合う。【読むこと】 ②全体で、「問い」の答えを根拠に基づき、グループ毎に解説する。【読むこと】
三次	①作者の変更意図を読み取ることで見えてきた作品の「メッセージ性」と、そのメッセージを通して考えた「自己の在り方生き方」について文章にまとめる。【書くこと】 ②ペアを入れ替えて数回スピーチして伝え合う。ペア毎に相互評価し感想を伝え合う。 ③自己評価する。（教師は生徒の文章を読み、評価をフィードバックする）

表は、単元の初めに教師が提示する「単元を貫く問い」に基づき、生徒自らが文章を読み各自の「問い」を立て、それを解決するために深く読み込み話し合い、根拠をもって導き出した自分なりの考えを文章にまとめ、スピーチとして伝える授業です。

生徒は、文章を読んだとき、どこか他人事として捉えたり作者の表現意図について深く考えず表面的な理解に終わったりすることがあります。そのため、自分の考えを形成し他者と伝え合うことや、正確に読み取ったことを根拠にして自分の体験と結びつけて表現することで、学んだことが将来にどうつながるかを自分事として実感することが大切です。

また、本実践は、探究的な学びのサイクルにもなっています。単元の流れの「一次」で自分なりの問いを立て【課題設定】、「二次①」で本文の叙述から情報を正確に読み取り【情報の収集】、「二次②」で複数の情報を関連付けて理解を深め【整理・分析】、「三次」で自分の考えを形成し表現しています【まとめ・表現】。様々な単元で、このサイクルを繰り返していくうちに、不安気だった生徒たちも読んで考え話し合うことを楽しめるようになり、少しずつ自分の考えに自信をもっていきいきと発表するように変わっていきます。探究的に学びを深めることが、自走する生徒を育むことにつながると感じています。

「三次」のスピーチでは、ペアで相互評価に取り組みます。伝える活動を設定し、評価シートを活用することで、生徒は他者を強く意識して文章を書くため、客観的で論理的な思考力や表現力の育成につながります。評価シートは、評価の欄だけでなく、話し手の主張を要約して書く欄や、話し手へのメッセージを書く欄を設けることで聞く力の向上も図ります。その後の自己評価では「スピーチをして、様々な観点から物事を見ることが大切だとわかった。みんなの発表を聞いて、思いもよらない切り口の意見に驚き感心した」など、他者の考えを知ることで自分の考えを広げ深め、新たな気づきにつながった記述が多いのが印象的でした。自己評価で自分ができたことや学んだことを確認し、小さな成功体験を積み重ねることが自信につながり、学ぶ楽しさにつながっていくと感じています。

体験の振り返りが「自己効力感」を高める

コロナ禍において学校行事等の重要性を改めて強く実感しました。学校の教育活動全体において、体験活動は「学びの原動力」を育む大切な場となります。数年前、県教育センターの長期派遣研修員として「自己効力感（Self-Efficacy）」について学ぶ機会がありました。「自己効力感」とは、「行動する前に自分のもつ力を信じ、実行できるという見通しをもつこと」で、学びに向かう力だといえます。この力は、生徒が自らの行動を決定する上で重要であり、新たな課題に向き合い激動の社会を生きるために大切な力となります。

自己効力感の源には「4つのソース（source/情報源）」（Albert Bandura, 1977）を認知することが必要とされるのですが、その「4つのソース」を授業の中に組み込むことが生徒の学びに向かう力を育むのに有効であると考えられます。（参考：『セルフ・エフィカシーの臨床心理学』（坂野雄二・前田基成編著、北大路書房））

■授業等において自己効力感を高める4つのソース

(1)達成体験…自分でやってみてできた体験

(2)代理体験…他者ができた状態を見る体験（ペアや全体での発表など）

(3)承認体験…他者から励まされたり、自分を認めてほめたりする体験

(4)情動的安定…共感的人間関係の中での安全・安心を感じる体験

※(1)〜(4)の「○○体験」等の名称やその下の定義は筆者による授業等に合わせた解釈です。

自分がやってできた**(1)達成体験**はもちろんですが、他者ができた状態を見る**(2)代理体験**も大切であり、級友や先輩、教師、地域の大人などたくさんの人との関わりやつながりのなかでロールモデルと出逢うことの価値もここにあります。また、相互評価で他者からほ

められたり、自己評価で自分ができたことを振り返り認めたりすることも重要な(3)**承認体験**であり、それらの体験活動は(4)**情動的安定**（安全・安心）の場で行われることが不可欠です。そして大切なのは、これらの体験を振り返り、自ら認知する場を設定することです。そのためにも、相互評価や自己評価を行うことが大切だと考えています。

私が授業で大切にしていることをご紹介しましたが、生徒が社会や自分との関わりの中で学びを自分事化し、社会や自己の在り方生き方への考えを深めることは、キャリア教育そのものではないでしょうか。社会や自分についての考えを形成する学習は、「自己理解能力」や「キャリアプランニング能力」の育成につながり、他者と考えを共有する中で「人間関係形成・社会形成能力」が育まれます。生徒の自己実現のため、日々の教科の学びを通じて自己効力感を高め、キャリア教育を意識して授業に取り組んでいます。

POINT

・文章を読み自分の考えを形成し共有することで、学びを自己や社会と関連付けよう。
・言語活動では、相互評価・自己評価により学びを振り返り、自己効力感を高めよう。

自分の考えを形成し、共有する国語科ならではの授業

国語科は、言葉による見方・考え方を働かせ、言語活動を通して資質・能力を育成します。このことをふまえて平川先生の実践を読むと、実践の意味がより理解できるのではないでしょうか。自分の考えを言葉にすることが苦手な生徒が多いという現状をふまえての新聞記事を使っての実践で、生徒たちは言葉を使ってまとめ、表現します。この授業で生徒たちは自分の興味・関心のあるニュースを選ぶので、結果的に自己理解能力やキャリアプランニング能力も育成できます。

平川先生が書かれている通り、本実践は総合的な探究の時間と連携することも可能で、家庭科や情報科などいろいろな教科が関わることができます。各教科それぞれの見方・考え方で同じテーマを扱うことで、生徒の学びはより深くなります。

総合的な探究の時間もキャリア教育も学校全体で進めることが重要です。本実践は、キャリア教育として重要な力の育成を目指し、そこに向けていろいろな教科で実践すると、結果的に学校全体で資質・能力を育てることになるということを教えてくれます。

すべての教科に共通する大切なこと

羅生門の実践で、生徒たちは作品を深く読み込みますが、結果的に探究的な学びのサイクルになっています。「探究的に学びを深めることが、自走する生徒を育むことにつながる」という平川先生の指摘は、すべての教科に共通する大切なことです。

また平川先生は自己効力感を高める４つのソースを紹介しながら、それを授業に組み込むことの大切さも指摘されています。同時に体験の振り返りが自己効力感を高めることも強調されています。自己効力感はキャリア教育で大切にしてきたことですが、授業で育むことも可能なのです。授業で自己効力感を育むという視点を教員がもつことで生徒の自己効力感がより高まることは言うまでもありません。これも国語科に限らずすべての教科で大切なことです。

平川先生の実践には国語科に限らずすべてにおいて大切なことが多く書かれています。これはキャリア教育や探究が学校教育の核であることを示しているのかもしれません。国語科の実践から何を学べるのか、この視点で読んでいただきたい実践です。

CASE 2

数学「わからなさ」に向き合うことが探究・キャリア教育となる

文部科学省総合教育政策局地域学習推進課
元神戸市立高等学校教諭　吉岡拓也

卒業生から得た学び

私の初任校である定時制高校でのことです。担任として、初めて迎える卒業式。何度も何度も、呼名の練習をしました。卒業式当日、生徒たちの門出を祝い、涙でいっぱいになったことを今でも覚えています。しかし、数週間後に衝撃の展開が待っているとは…そのとき、思いもしませんでした。

卒業生を送り出し、新年度が始まってすぐの頃でした。卒業生のAさんが学校に遊びに来ました。ここで、Aさんから驚きの報告を受けます。

「せんせー。オレ、仕事辞めた」

そして、さらに話を聞くうちに、新たな事実を知ることになります。「Bも仕事を辞めたらしいで。なんか、上司と喧嘩したらしい」Aさんや Bさんのように、卒業して就職して1か月も経たないうちに、仕事を辞める生徒が何人もいました。もちろん、1つの仕事をずっと続ける時代ではないことは、わかっているつもりです。しかし、就職してすぐに、こんなにも多くの生徒が仕事を辞めてしまった現状に、大きく肩を落としたのは言うまでもありません。

「生徒のよりよい人生、よりよいキャリアのために、何ができるだろう」

そう考えた私にできることは、授業を変えることでした。2018年からスタートした授業づくりへの挑戦を、探究・キャリア教育の視点で振り返ってみます。

毎日の挑戦を積み重ねる

探究・キャリア教育につながる授業づくりにおいて、日々の挑戦を心がけました。「研究授業だからがんばる！」のではなく、毎日の授業での挑戦です。

その挑戦のため、まずは、育てたい生徒の姿を捉え直しました。育てたい生徒像＝キャリア教育のゴールの1つ、と考えたからです。そして、そのゴール（育てたい生徒の姿）に向かうために、次のことを大事にしました。

■育てたい生徒の姿
・わからなさと向き合い、他者と協働しながら生涯学び続ける生徒
・物事の本質を捉え、思考の過程を楽しむことができる生徒

■授業で大事にしたこと
・生徒に委ねることで、授業の中心を思考の過程とする。
・生徒が考えや思いを自由に表現できるように、授業の展開や課題を工夫する。
・つまずきや困りごとに寄り添い共有し、生徒の考えをつなげる余白をつくる。

探究のプロセス（課題の設定→情報の収集→整理・分析→まとめ・表現）において、一番大事にしたいことは、課題の設定の場面です。つまり、探究の入り口の扉を生徒が自分の手で開けるようにすることだと、私は解釈しています。

それは、数学の授業でも同じです。授業中、教師が説明する時間を極力減らし、生徒に

委ねることで、数学と向き合う時間を増やします。すると、生徒たちは「あれ？　なんで？」と自分でわからなさに出合う瞬間が生まれます。この瞬間こそが、探究の入り口だと考え、授業づくりを進めていきました。

わからなさに向き合う生徒たち

１つ、例を示します。科目は数学Ⅰ、三角比の第１時間目の授業。身の回りの事象と数学とがつながる課題を用意しました。三角比の概念をつかめるようになってほしいからです。１時間の流れは、次の通りです。

①車椅子で５㎝の段差を上がるためのスロープ（傾斜５度）の全長を考える。
②三角比に関する基本的な問題を考える。
③自作問題（数学ラブレター）を解き合う。

授業を演繹型ではなく、帰納型にしたのは、課題を通して「わからなさ」から「納得解」を引き出すためでした。スロープの課題の具体はこうです。

公共施設や病院における車椅子のスロープの傾斜は約５度である。理由は、介助者が車いすを押して上がることのできる角度が５度だからである。５㎝の段差を車椅子で上がるためのスロープの全長は何㎝になるだろうか？

課題を生徒に提示して、委ねてみました。「今日はバリアフリーについて考えてみようか」と言って、あとは見守ります。「生徒たちならできる、考える力がある」と信じたからです。期待に応えて、いや期待以上に、生徒たちは必死に課題と向き合っていました。するとと途中で、次のような声が聞こえてきました。

「sinって？　何求めてるん？」
「斜辺に対しての高さが三角比の表の値やねん。今は５度やからこの値と違うかな」
「なるほどな。これ、cosは使えへんの？」
「今わかっているのが高さじゃないん？　斜辺を求めたいからsinやと思うねん」

このように生徒に委ねることで、様々な場面でわからなさが生徒を襲います。頼れるのは仲間、自然にゆるやかな協働が始まります。自己と対話をするのか、他者と対話をするのか、はたまた教科書と対話をするのか、それを自分で決定します。自己決定により、学びが自分事（self-involvement）になります。

自分事だからこそ、本気になって考えます。それが磁石のＮＳ極の接近の原理のように「あっ、わかった！」につながるのでしょう。「わかった」喜びは、「もっとわかりたい」のトリガーになります。このように、わからなさから始まる学びのスパイラルを、日々の授業でつくっていきました。

生徒の声からわかること

こうして授業を続けていくことで、生徒はどう変わったのでしょうか。数学の授業を通して学んだこととして、生徒たちは次のように言っていました。

・わからないことをわからないと言うことが大切だと学んだ。自分がわからなければ考えるし、友達と考えて答えを出す。自分たちで考える力がとても向上した。

・中学のときから数学が苦手で、高校でもできないと思っていた。今までなら〝わからない〟でつまずいていたけれど、〝わからない〟を〝わかる〟まで学び合う授業で、時間がかかっても少しずつ理解ができて楽しかった。

・なぜそういう式ができるのかを理解するときが一番面白かった。友達の「わからない」に対して自分が答えられないとき、もっと学ばなきゃいけないと思った。そして、その「わからない」を一緒に考えてわかったとき、その瞬間が一番記憶に残っている。

・人として「わからなさ」と向き合うことはとても大切だと思う。数学という授業で、「わからなさ」と向き合う力を付けることができてよかった。なんでそうなるかっていうところまで理解することが習慣になった。

このように、生徒たちはわからなさと向き合うことができるようになりました。最初から「わからない」と言えたわけではありません。日々の挑戦の積み重ねによって、生徒が変容していったのでした。

こうして、私と2年間数学を学んだ卒業生が、学校に遊びに来たときのことです。その生徒は専門学校に進学しており、私の顔を見るなり、こう言いました。

「学校の授業で『わからない』と言ったら、最初は先生とか友達にめっちゃ驚かれた。でもこれでいいねん。私、ちゃんと『わからない』って言えるようになったから。きっと誰かが助けてくれると思うから、これからもがんばるわ」

数学ができる、とか、問題が解ける、とかではありません。この生徒は、自分のわからなさと向き合えるようになり、乗り越える方法も学んだのでしょう。

それこそが、私の考える、探究・キャリア教育です。

【参考文献】
・文部科学省（２０１８）「高等学校学習指導要領解説　総合的な探究の時間編」
・吉岡拓也（２０２３）『このクラス、ひょっとして隠れ学級崩壊？』学事出版

POINT

・探究の入り口の扉を生徒が自分の手で開けるようにしよう。
・生徒がわからなさと向き合える授業にしよう。

育てたい生徒の姿から出発する

数学は全世界に共通した学問で、教えるコンテンツが明確です。さらに積み上げていく科目なので、どこかでつまずくと後に影響することが少なくありません。さらに入試でも大切な科目です。こうしたこともあり、テストで点数を取ることが重視されやすく、高校でも受験数学の文脈で語られることが多いです。一方、大学入試で数学を必要とする生徒は多く見ても高校生の半数、受験の文脈のみで数学教育を考えると、大多数の生徒にとって必要な数学教育が考えられなくなります。吉岡先生の実践は、数学でこそキャリア教育ができるということを示したものであり、すべての高校にとって参考となる実践です。

実践で特に注目すべきは、はじめに育てたい生徒の姿を捉え直し、育てたい生徒の姿として「わからなさと向き合う」とされたことです。この力はいろいろな教科で育てることができる力ですが、特に数学で育てることができます。そしてわからなさと向き合う力が大人になってからいかに大切な力であるかは、読者のみなさんも強く感じておられるのではないでしょうか。

第1章・2章でも触れましたが、教科でキャリア教育を実践する際に、育てたい力から考えることが大切です。その力が育つ授業を実践した結果、数学というコンテンツを通じて将来大切な力を育てる授業になるのです。またこの授業が結果的に探究のプロセスに沿っていることも注目すべきところでしょう。教科の授業×キャリア教育＝生徒が探究する授業なのです。

生徒を信じることの大切さ

吉岡先生の実践で忘れてはいけないことは、生徒を信じ委ねているところです。数学への苦手意識が強い生徒がほとんどとのことですが、「生徒たちならできる、考える力がある」と信じて委ねられます。その結果、生徒は期待以上に必死に課題と向き合います。生徒を信じることが探究的な授業をつくる土台となるのです。

入試に注目しがちな高校数学ですが、数学だからこそ育てることができる力は多数あり、入試に関係なく数学は大切な教科です。吉岡先生の実践はそのことを改めて伝えてくれる重要な実践です。

CASE 3

英語を道具に、きっかけはいつもの日常から

京都府与謝野町教育委員会
与謝野町立加悦中学校・与謝野町立加悦小学校　大槻裕代

きっかけは信金のポスター

それはとある昼休みのことでした。京都府立東舞鶴高等学校（以下、東舞）から徒歩5分に位置する、信金の窓口にいた私は、何気なく貼ってあったポスターを見ていました。「舞鶴引揚記念館　所蔵品　ユネスコ世界記憶遺産登録を応援します」ユネスコ世界記憶遺産と言えば、「アンネ・フランクの日記」や「ベートーベンの手書きの楽譜」。私が勤務していた舞鶴は引揚の町で知られています。そのポスターによると、舞鶴引揚記念館の所蔵品をユネスコ世界記憶遺産登録に向けて、市をあげて登録を応援するため署名活動が始まっている様子でした。

署名用紙を数部手に取り、信金での用事を済ませ勤務校へ戻りました。放課後は、数人の生徒が集まっていました。冬には、外務省の青少年派遣事業「架け橋プロジェクト高校生米国派遣団」に、府立西乙訓高等学校とともに、京都府代表校に選抜されていた東舞の生徒たちです。その日は派遣先でどんなプレゼンをするか等を話し合う予定でした。

「先生、何これ？」「あー、春の遠足でも行った舞鶴引揚記念館あるやろ？　そこの所蔵品のユネスコ登録を目指して今、舞鶴市は署名活動をしてはるみたいやな」「あー、市バスもラッピングカーみたいにして宣伝してるで」「そうなん？　大がかりなんやな。私も署名してきたし、署名用紙も予備を持って帰ってきたから、みんなも家族の人にも署名してもらったらどうや」「先生、それ、架け橋（先の、外務省の青少年派遣事業のこと）でアメリカ行って、高校生や大学生と会うときに署名活動したらどうやろ？」「引揚ってシベリアの悲しい話のイメージやし、語り部の人とかお年寄りの人やし、なんか引揚記念館って、学校から行く行事以外で若者はあんまり行かへん気がするから、高校生が何かしたら興味もってもらえるかも」「そやな。ユネスコ委員会に登録の推薦をしてもらうには、いろんな人から幅広く署名があるといいかもしれんね。舞鶴市の役に立てたらええね。先生も、あんまり詳しく引揚のこと知らんし一緒に勉強できるわ」

この会話をしたのは当時が2014年なので、学習指導要領改訂の前のことです。「探究」や「地域とつながる」「協働」など、まだまだ情報も経験もなかった頃のことです。それでも、今振り返ると、あれこそが「探究」の原点と感じるのです。

「人権学習」か「総合的な学習」か、はたまた「異文化理解」か

東舞では2011年度から人権学習のテーマとして「戦争と人権」を設定していました。当時の「総合的な学習の時間」の中で、地元舞鶴と関わりの深い引き揚げをテーマとして、遠足でフィールドワークに訪れたり、学校で関連の講演会を実施したり、基本的な史実について学び地域のことを知り、同時に平和や命の大切さを学ぶことにつながるような取り組みを実施していました。

また、東舞には、2年次から選択できる「国際文化コース」があり、独自のカリキュラムを組んでいました。学校設定科目であった「異文化理解」という教科が英語科担当としてあり、内容は担当教員に任されていました。教師の裁量によってシラバスを組むことができる、ある意味教師泣かせ、いや、夢の教科枠でもありました。

私は、先の、放課後に生徒が発したアイデアをなんとか活用できないかと考えました。署名活動をアメリカで実際に行うのは派遣される生徒12名ですが、クラス全体の取り組みとして、英語を道具に生徒たちが生み出せるものがあるのではないか、と。学校の教育目標、「地元舞鶴を愛し、世界で活躍できる人材を育てる国際教育」を念頭に、このチャンスをまずは英語科の「異文化理解」で広げてみようと思ったのです。

「岸壁の母」を知らない生徒たちから

私もさすがにリアルタイムでは知りませんが、歌手、二葉百合子さんの「岸壁の母」と言えばあのセリフ、「港の名前は舞鶴なのに…」。

「先生、これ、英語劇にしたらどうかな。歌の部分は演歌やから英語にしてしまうのはこぶしも利かせられないしやめといて、でも、セリフの部分は英語にして場面を説明したらちょうどよさそう」

こんな調子でクラスからたくさんのアイデアが飛び出しました。生徒たちの最終ゴールは、「舞鶴引揚記念館の所蔵品のユネスコ世界記憶遺産登録」ではありましたが、そこに向かうための過程で「できること」「したいこと」「しなければいけないこと」等を自分たちで見つけてくれました。

活動の例として、署名用紙の英語版作成、「岸壁の母」の英語劇、シベリア抑留者体験者へのインタビュー、舞鶴港でのクルーズ客船寄港の際の観光案内ボランティア活動、舞鶴紹介プレゼン作成などがあがりました。クルーズ客船で舞鶴を訪れた観光客を案内するボランティア活動は、一見つながりがないように思えますが、生徒の思いはもっと深いところにありました。戦後、舞鶴が抑留者を受け入れ、舞鶴港で温かく食べ物をふるまうようなどもてなした姿を現代につなぐのだと言うのでした。

調べ学習からの脱却と、自身の在り方生き方

およそ10年前となる一連の流れを思い出してみると、当時の「総合的な学習の時間」では、調べ学習が主となり、そのまとめを発表する、ということが最終ゴールになることが多々ありました。クラスのゴールは「舞鶴引揚記念館の所蔵品のユネスコ世界記憶遺産登録」ですが、そこに向かうそれぞれの活動の中で、「自身の在り方生き方」を考えること

で、なんとなく過ごしている高校生活の先の進路決定における内発的動機づけの機会にしてほしいと、考えていました。

社会に開かれた教育課程の実現を目指して
～地域社会との連携及び協働～

学校として、地域と連携したり、マスコミ含め外部組織との連携を効果的に活用したりすることも常に意識していました。例えば、署名活動については、当時の舞鶴市引揚記念館の館長には、「若者が興味をもってくれて、自発的に海外で署名活動をしてくれることに大変感謝している」と、署名活動を終えてアメリカから帰国した生徒たちが持ち帰った59人分の署名を、当時の舞鶴市長へ直接手渡しする表敬訪問の機会を設定していただきました。同時進行で、シベリア抑留経験者の原田二郎氏（故人）を数年にわたり取材されていた、読売テレビの番組「ＮＮＮドキュメント　凍土の記憶」担当ディレクターが、生徒のインタビュー活動や署名活動等を長期的に取材し、番組内でも取り上げてくれました。他にも、新聞やＮＨＫでも何度か話題にしていただく機会があり、生徒たちも自身の家族や校内の友人はもちろん、地域の方々や他の学校の友人や先生方等にも様々な場所で応援いただき、自分たちの取り組みに対して誇りや自信もつけていったようでした。番組を視聴された京都市内の公立小学校の先生が、高校生の取り組みに感動され連絡をくださり、小学校の児童たちと東舞の生徒が、平和についてビデオメッセージでやり取りする機会にも恵まれました。そして、２０１５年10月10日未明、ついに、舞鶴引揚記念館に収蔵された資料570点について、世界記憶遺産への登録が正式に決定しました。

未来につなげる　～継続すること～

記憶遺産登録決定の２０１５年は戦後70年の節目と重なり、生徒たちは様々な場所で発表の機会をいただきました。記憶遺産登録記念式典などの、様々な関連行事に加え、地域の中学校等に出向き、地域の歴史である引き揚げを語り継ぐ活動をしました。

関連した取り組みは校内でも引き継がれ、引き揚げ犬「クロ」を題材とした紙芝居を美術部と放送メディア部で作成し、引揚記念館で披露し、園小中学校等からも上演の依頼が寄せられました。抑留経験者、原田二郎氏との交流も継続し、東舞での文化祭でのシベリア抑留をテーマにした演劇に招待したり、その後、ロシア・ハバロフスクを訪問された原田二郎氏にインタビューをしたりしました。さらに、絵本については、国際文化コースの生徒たちが英語版を作成し公開、「JAPAN Forward」にも取り上げていただきました。

これら一連のきっかけは、信金のポスターでした。持ち帰ったのは私でしたが、世界を広げたのは生徒たちであり、その広がりは無限です。「探究」の広がりが無限にあることとつながります。きっかけづくり、きっかけ探しを続け、校内に、地域に、世界に発信していく生徒の力を応援し続けたいと思っています。

POINT

- 日常と学校と地域をつなげよう。
- 「英語」とともに教室を飛び出し、新しい出会いにつなげよう。

学習指導要領は教室からつくられる

10年以上前の実践ですが、「英語を道具として他者や社会とつながる」という大槻先生の思いが形になっていて、まるで今の学習指導要領を予言していたかのような実践になっています。教科を通じて生徒に伝えたいこと、教科の取り組みを学校全体の教育活動とどうつないでいくのか。これらは、今なら探究やカリキュラムマネジメントという言葉で語られる言葉かもしれません。しかしそうした言葉が広くは知られていなかったときにこうして実践されていたということを忘れてはいけません。**学習指導要領は教室からつくられるものであり、その担い手は私たち現場の教員**なのです。

おそらく大槻先生は目の前の生徒を見て、生徒たちの卒業後のその先の姿を考えられたのでしょう。同時に偶然出合ったポスターとご自身が担当されている英語と学校の取り組みがどうつながるのかを考えられたのでしょう。それが形になったのが本実践です。生徒たちの変化や成長が実践を支えたのでしょう。こうした取り組みをより多くの教室で実践するために学習指導要領があるのです。

英語でのキャリア教育

英語は言語であり、多くの生徒にとって母国語ではありません。母国語ではない言語を学習するので、当然単語や文法などの学習が必要になります。しかし言語は伝えるためのもので、生徒たちは言語を使って自らの世界を広げていきます。大槻先生が書かれている「英語を道具に生徒たちが生み出せるものがあるのではないか」「世界で活躍できる人材を育てる」はキャリア教育の視点に他なりません。また本実践は取り組みの過程で多くの人に出会う機会があることもキャリア教育としての価値を高めています。

生徒は英語を使ってやり取りするので、本実践は英語科でのキャリア教育に他なりません。学習したことが生かされる場面が生徒にとってわかりやすいこと、世界記憶遺産登録に向けて生徒が探究することも含めて、キャリア教育の視点が入ることで、授業が探究的になっていることも大切な点でしょう。きっかけは1枚のポスターでした。大きな取り組みのきっかけが身近にあることも教えてくれる実践です。

CASE 4

社会　古代オリエントに学校を創る
―探究で教育活動に横串を

西大和学園中学校・高等学校　梨子田喬

カリキュラム全体で探究の風を吹かせる

探究活動に生徒がうまく乗らない。そんな相談をよく受けます。たしかに、たった週1コマの総合的な探究の時間だけ生徒に正解のない問いを迫っても、生徒から見れば唐突感が拭えないでしょう。そもそも日々の授業が「答えを求めよ」なのに、探究活動の時間になると「答えはない」「答えは君がつくるもの」「自己の在り方生き方を考えなさい」ですから、拒否反応が出るのは当然です。

こんな相談を受けたときには、「『日常の力』に勝るものはないですよ」と答えるようにしています。「探究活動に前向きに取り組む姿勢」は非認知的な行動特性ですから、1回や２回の教育活動で形成されるものではありません。様々な教科に展開し、時間割の中でしつこく何度も働きかけ、場面を変えながら教育活動全体で迫っていかなくてはいけません。具体的に言えば、ヤマ場となる探究的な教育活動を１つ設定し、それに向けて教科・科目の授業で伏線を張ったり、回収したりしながら、時間割全体で探究的な学びの風をそよよと吹かせていくのです。

本稿では、西大和学園の高校２年生を対象に行った、「世界史探究」と「特別活動」を組み合わせながら、教育活動を探究的に味つけしていった実践例を紹介したいと思います。

特別活動に探究的なスパイスを加えて味変を試みる

学校行事に代表される特別活動というと、とかく「勉強の息抜き」のような居住まいになっています。私たち教員も、「トラブルなく終える」ことばかり考え、その特別活動においてて生徒にどのような資質・能力が身に付くことをねらっているのか、あまり議論されないまま、ただ「無事終わること」が目標になっている気がします。「高等学校学習指導要領解説　特別活動編」では「特別活動が各教科等の学びの基盤となるという面もあり、教育課程全体における特別活動の役割や機能も明らかにする必要がある」と述べられています。特別活動も、もっと注目され、教科の教育活動や総合的な探究の時間などと積極的に結びつけられていくべきでしょう。

こうした問題意識もあり、高校2年生の春の遠足に少しスパイスを加えて味変をさせ、探究的な学びが促進していくような仕掛けを打ちました。遠足の行き先は、パンダの飼育で有名な和歌山県西牟婁郡白浜町にあるアドベンチャーワールドです。このアドベンチャーワールドの近隣の熊野古道エリアに「うつほの杜学園」という小中一貫探究型グローカルスクールを開学しようという動きがあります。「うつほの杜学園」はアドベンチャーワールドと協定を締結し、教育資源の提供や教材開発など教育活動の充実のために連携をすることになっています。そこで、春の遠足では「アドベンチャーワールド×うつほの杜学園〝あたらしい学校を創る〟」をテーマに設定し、次の問いを設定しました。

【春の遠足の問い】

「アドベンチャーワールドを活用した教育活動によって、未来の子どもたちに必要な、どのような力を養うことができるでしょうか。アドベンチャーワールドでのフィールドワークを通して小学生向けの教育活動を構想し発表してください」

事前学習として「未来の子どもたちに身に付けさせたい力とは」を考えるワークショップや「うつほの杜学園」の学校設立に向けて準備している小佐田裕美事務局長によるオンライン講話を実施しました。学校行事の遠足を実社会のイノベーティブな動きと重ねながら、「君たちだったらどうする？」を考えていくわけです。

古代オリエントに学校をつくるとすれば？

こうした遠足に向けた事前学習を教科の学習とリンクさせていきます。４月に始まったばかりの世界史探究の授業では、１時間「古代オリエントに学校をつくるとしたら」を問いに学習する場面を設けました。

授業で使ったプリントは以下のものです。２人組のジグソー（AパートとBパート）でお互いに古代文明の特徴を学んでいきま

■Ａグループ（言語・神話宗教・秩序について考える）

あなたは古代オリエント社会の子どもたちにとって必要な教育を構想している。そのためにはまず、古代オリエント社会がどのような社会であったかをしっかり把握する必要がある。これについて特に言語・神話宗教・秩序に着目しながら古代オリエントがどのような社会であったか、以下の語句を用いて説明しなさい。

秩序資料１と資料２を比較して気がつく？　▼戦争、ヒッタイト（鉄と＝＝）、資料11▼カデシュの戦い神話・宗教神権政治、ギルガメシュ叙事詩、▼ラー、アメン、アトン、オシリス…【＝神教】（古中新の神）、（　）は世界史初の＝神教信仰、資料８▼ミイラ（なぜつくる？）資料10学問天文学、惑星→＝＝制言語と文字タブレットか紙か、文字、言語（セム、ハム、印欧）、資料７▼前1200、どこ、フェニキア人（拠点）、アラム人（拠点）、共通言語として学ぶには何語がいい？

す。生徒は普段の授業でよく慣れているので、白文字部分の主題に従って、言葉と言葉を結びつけ、教科書や資料集をめくり、時に資料プリントを活用しながら、AパートBパートそれぞれの問いについての説明文をつくっていきます。例えば、Aパートの最後の「前1200、どこ、アラム人（拠点）、フェニキア人（拠点）」という部分であれば、「紀元前1200年頃東地中海では、フェニキア人たちがシドン、ティルスを拠点に地中海貿易に従事、彼らが使ったフェニキア文字が地中海沿岸で使用されて広まり、のちアルファベットの起源となっていく。またアラム人たちはダマスクスを拠点に内陸貿易に従事し、彼らが使用したアラム語は国際商業語として広く使用された」という説明が導かれていきます。説明の後には「共通言語として学ぶには何語がいい？」といった具合に、このあと教育活動を構想する活動の際の伏線になるような問いが仕込まれています。

説明の準備が整ったら、もとのグループに戻り、それぞれつ

■Ｂグループ（生産・技術・商業について考える）
あなたは古代オリエント社会の子どもたちにとって必要な教育を構想している。そのためにはまず、古代オリエント社会がどのような社会であったかをしっかり把握する必要がある。これについて特に**生産・技術・建築・貿易**に着目しながら古代オリエントがどのような社会であったか、以下の語句を用いて説明しなさい。

農業生産牧畜・栽培（何を)、肥沃な三日月地帯、（　）の賜物（誰？）、ｶﾝｶﾞｲ農業（漢字で)、洪水とともに（資料５）予測→暦・天文学（メソ、エジ)、土地の測量（メソ、エジ進法）→ギリシア幾何学（～の定理とか）**技術**青銅（錫と銅の合金）→鉄（最初の王国)、資料９、資料11**建築**聖塔（資料12)、日干しレンガ（何かと同じ材質）▼ピラミッド（時代、場所、三大）▼杉（産地、他どこで手に入る？)、資料３、資料４（フンババを殺せ、なぜ？)、杉でつくる→**貿易**アラム人、フェニキア人

くった説明を披露し合います。その後、「もし古代オリエントで学校をつくるとしたらどのような教育活動が必要か」を考えて時間割の形で表に記入するよう指示します。「いま国際商業語として英語が学ばれているように、貿易のためにアラム語やフェニキア文字が学ばれていたのではないか」「フンババの物語は資源の浪費に警鐘を鳴らしているのではないか」などといった具合に、様々意見を出し表にまとめます。

「古代の学校の時間割を考える」という問いは、あくまで仕掛けに過ぎません。世界史探究の学習指導要領では「古代文明社会の歴史的特質を理解すること」が求められており、エジプトとメソポタミアに共通する教育内容の考察を通して、古代社会の特徴が抽象化され、この学習のねらいに届いていきます。「農業」「洪水」「貿易」「国際言語」「神権政治」「文字」といった生徒の振り返りのコメントからそれを見取ることができます。

授業の最後には、まとめとして「そもそも」の問いを出し、学校の役割の歴史的な変化に気づかせます。「昨年度まで歴史総合で学習した近代教育の学校と、古代の資料に出てくる学校とでは、そもそも役割が違うのでは？」「そもそも時間割は近代教育の中でできたもので古代にはなかったのでは？」といった具合です。１年生のときの歴史総合の学習「近代化と国民意識の形成」で学んだ近代教育の形成と関連付けられることになります。

世界史探究で考えた古代の学校、歴史総合で考えた近代の学校、そして遠足の活動で考える現代や未来の学校、と一連の活動を通して「学校とは」を考えていくのです。考察したことは「時代と教育」をテーマに文章にし、学習のまとめとしてレポート課題とします。「時代が進み社会が複雑化していくことで学習内容が肥大化している」「言語教育などは時代が変わっても変わらない」「未来の教育では遊ぶことの大切さが前に出てくるのでは」「教育の目的は国の繁栄か個人の幸せか」など各々が持論を展開していました。

様々な教育活動で探究の風をそよそよと

遠足当日、散策を終えた生徒たちは、うつほの杜学園やアドベンチャーワールドの方に自分たちが構想した教育活動を発表しました。振り返りを見てみると、当日まで「頼むから普通に遠足に行かせてくれ」と思っていた生徒が「なぜかこれまでにないくらい主体的に参加できた」と述べるなど、生徒の変容を促すことができたと思います。遠足という生徒たちが楽しみにしている行事に探究的なスパイスを加え、教科の活動で横串を通したことで、学びを楽しみながら未来や社会を考えていく姿勢を育むよい機会になりました。

週１コマの総合的な探究の時間だけ探究活動を行い、他は普通に授業という状況が往々にして見られますが、そもそも「探究的な姿勢」のような非認知的な行動特性は、長期的に、場面を変えて、繰り返し何度も迫りながら、養っていかなくてはいけません。ですから、１つの教育活動単体で働きかけるのでなく、今回の実践事例のように、時間割を横断しながら教育活動を様々味変させ、探究的な姿勢を育む「日常の力」を生み出していきます。こうした横串をつくる仕掛けをすることで、前の活動でうまくいかなかった経験をし、「次こそは」と思った生徒たちが、再び自己調整の機会を得ることができるようになります。自分だけで探究活動をマネジメントして悩むのではなく、他の先生の面白授業に乗っかったり、学校行事と連動させて伏線を張ったり回収したり、スクールポリシーを基に一体的な教育活動を構想したり、ぜひ教育活動全体でそよそよと探究的な学びの風を吹かせてみてください。

POINT

・特別活動に探究的なスパイスを加えてみよう。
・教育活動全体で探究的な学びの風を吹かせよう。

教育活動全体で進めることの大切さ

体力を付けたければ、思いついたときに走るのではなく、日々の地道なトレーニングが重要です。これは当然のことですが、学校で探究やキャリア教育を考えるときに意外と忘れられがちです。梨子田先生が言われているように、「探究活動に前向きに取り組む姿勢」は非認知的な行動特性なので、1回や2回の教育活動で形成されるものではないのです。これは探究活動をキャリアや自分の将来に置き換えても同じことが言えます。教育課程全体でということの大切さを改めて確認する必要があります。

教育課程全体という言葉は責任の所在をあいまいにする危険性もあります。梨子田先生は具体的な方法も示されています。まずはヤマ場となる探究的な教育活動を1つ設定すること、それに向けて教科・科目の授業で伏線を張ったり、回収したりしながら取り組みを進めていけばよいのです。本実践は特別活動×世界史探究の実践ですが、遠足という山場を設定し、そこでの問いに向けて世界史探究の時間でどのように学びを深めていったのかという視点で読むと理解が深まるのではないでしょうか。

特別活動×世界史探究で深まる世界史の学び

梨子田先生は「特別活動も、もっと注目され、教科の教育活動や総合的な探究の時間などと積極的に結びつけられていくべき」との課題意識をもたれています。これは本書全体を貫く意識です。その上でご自身の専門である歴史と特別活動を結びつけられています。遠足に向けての問いをふまえて、世界史探究で「古代オリエントに学校をつくるとしたら」を問いに学習する時間を設けられたのです。遠足があるので生徒にとってより自分事になりやすい問いであることは言うまでもありませんが、この問いによって世界史探究の学びが深まっていることも忘れてはいけません。世界史探究の学習指導要領に書かれている「古代文明の歴史的特質を理解すること」が、本実践ではエジプトとメソポタミアに共通した教育内容を考察することを通して、古代社会の特徴が抽象化されることで実現しています。特別活動と教科の連携は、連携そのものが目的ではなく、それぞれの学びをより深くするためのものです。当たり前のことですが、学校では意外と忘れられがちなことかもしれません。梨子田先生の実践を通じて改めて確認する必要があります。

CASE 5

理科　探究活動支援及びその変遷
―理科教員としての取り組み

崇城大学総合教育センター
元熊本県立熊本北高等学校指導教諭　溝上広樹

探究活動支援のはじまり

理科は、自由研究に代表されるように探究活動支援に長く携わってきた教科の1つです。その知見を探究活動の普及に生かすことができるのと同時に、職人芸としての課題研究といった一種の孤立とどう向き合っていくのかといった課題も抱えています。ここでは、熊本県立熊本北高等学校の実践を中心に私自身あるいは組織における探究活動支援の実践と変遷について紹介していきます。

最初の探究活動支援は、初任校での科学部顧問としての活動でした。このときは大学院での経験を生かし、ゼミ形式での活動支援を行いました。研究テーマは、私の専門分野から高校生でも実施可能なものを設定し、ちょうど科学部部長の興味・関心にも近い分野であり、主体的に研究活動に励んでいました。そして、学会の高校生ポスター部門に参加した際には、大学教職員と対等に堂々と議論する姿も見られ、後に部長は研究を継続したいと推薦入試で国立大学に進学しています。今ではこのような教員主導に近い方法を取ることはありませんが、この経験自体は、探究活動の教育効果を通常授業に落とし込むためのアクティブラーニング導入の原動力となり、その後の授業実践につながっています。

スーパーサイエンスハイスクール（ＳＳＨ）校に赴任して

熊本北高校に赴任した際は、第Ⅱ期ＳＳＨ事業（１期５年）が始まったばかりで、理数科と探究クラスで行われていた探究活動を、普通科理系クラスに広げた時期でした。理数科と同等の質・量での実施は生徒及び教員の負荷も大きく、当初は１年間の１／３を課題研究の時間とする計画でした。しかし、実際に課題研究が始まると、生徒は積極的に取り組み、年度末の振り返りでは「もっと活動の時間がほしい」と要望があがるほどでした。そのため、課題研究の時間は徐々に長くなり、そのがんばりを外部でも発表したいという機運が高まり、学会の高校生部門等へのエントリー数も伸びていきました。幅広い興味・関心に合わせた多様なテーマも設定され、「自家製顔パックの効果を検証」や「廃棄される玉ねぎの皮を利用した日焼け止めクリーム開発」等、生活に根差したものや社会課題に向き合うようなものも目立ちました。周囲の教員も「今年は何の研究をしようか」と話す機会は減り、生徒の興味・関心からテーマ設定をする雰囲気が出てきました。

テーマ設定時の工夫（やらされ感への対応）

普通科理系全体に探究活動を広げた1年目は、生徒もはじめからやる気にあふれていたわけではなく最初の授業では「なぜ理数科でもないのに課題研究をしないといけないのか」といった雰囲気もありました。この中でテーマ設定時には、徹底したリフレクションを行い、理科の教員として感じることを伝え、価値付けや励ましを行いました。キーワードに集った生徒たちに対し、「なぜここを選んだのか？」など様々な問いかけをしながら、探究活動のテーマと興味・関心そして自分自身の過去や現在、未来と一致させていくようにしました。そうすると「以前から化学が好きで専門にしたい」「茶道部で活動していてお茶に興味がある」「管理栄養士になるために大学に進学したい」等の生徒の思いや経験が表出されていきます。その後、文献調査を行い、現在の環境でできることを探索していく活動を行いました。最初は高価な機器が必要なものや、調査期間が収まらない方法を提案してくることもありましたが、課題点を指摘し、生徒が他の方法の探索を繰り返す過程を通して生徒たちはテーマを洗練させ、研究を自分事へとしていきました。

また、研究開始直後には、先行研究レビュー作成や研究計画報告会を実施しました。先行研究レビューでは、メンバーの興味・関心や検索キーワードが洗練されていく過程等の記録を重視します。また、研究計画報告会では、最初の研究テーマと、練り上げた後の研究テーマを併記し、ＡＲＣＳモデルを参考に次のように自己評価し発表することで、興味・関心の深まりを促し、可視化しました。（参考：①面白そう！　②やりがいがありそう！　③やればできそう！　について★★☆☆☆→★★★★★のように自己評価）

理科中心からの脱却

普通科理系に探究活動を広げた際には、理科の教員だけでなく家庭科や体育科、地歴公民科等他教科の先生方も担当しました。生徒の成長が見えたり、探究活動の成果をもって大学進学をしたりする生徒が増えると、探究活動の有用感を感じる先生方も増えていき、第Ⅲ期ＳＳＨ事業では、さらに普通科文系や英語科へと探究活動を広げる計画を立てました。これは、全生徒が探究活動を通して力を伸ばしてほしい、自身の興味・関心に気づいた上で進学してほしいという先生方の想いを受けた発展的変更です。一方で、探究活動支援について困り感や不安感を覚える先生方も目立つようになってきました。

共創・対話の文化をどう構築するのか

ＳＳＨの指定を受けることができず、１年間生徒の探究活動に必要な予算がなくなってしまったことがあります。そのとき保護者会において、これまでの生徒たちの探究活動でのがんばりや成長の様子を継続的に伝え支援を呼び掛けました。その結果、保護者会から探究活動の予算を得ることができ、この支援は、採択後も継続しています。

また、探究活動担当者による会議が重要な役割を果たしています。熊本北高校では、以前から時間割の中に理数科の探究活動に関する会議が設定されていました。当初は伝達形式での会議でしたが、活動支援に関するワークショップ等を少しずつ取り入れ、例えばテーマ設定時のリフレクションの促進といった暗黙知を誰もが再現できるようにするため、「リフレクションカード®」を利用するというような手法を先生方と学び合いました。

　この会議は第Ⅲ期ＳＳＨでは、理数科に留まらず他学科の探究活動に関わる先生も参加する会（ＰＬＣ）へと変更しました。毎回、小グループで体調や近況などを気軽に話し合うチェックインからスタートし、探究活動の進捗状況や、支援をしていく上でネックになっていることなどを対話し共有します。ここでは、生徒が作成したオンライン研究日誌という活動を共有・可視化する仕組みを生かした結果、オンライン研究日誌は、教員との対話を促すだけでなく、教員間での情報共有のためのツールにもなりました。ＰＬＣでは、多様な教科の先生方が参加することで、理科とは異なる方法や視点を学び合い反映させていくことも目指しました。「外部と連携したいがどう進めるとよいか」「物品購入について相談したい」「アンケート調査の際の手続きは？」等の声や様々な提案があり、先生方の負担が少なく、生徒が主体となって活動できる方法を整えました。また、生徒や担当教員の要望で不定期に開催する「Science Café」の仕組みも構築しました。放課後に希望者が集まり、まずは大学の教員等の外部講師の講話を短時間聞き、講話に関する疑問だけでなく、自身の探究活動に関する困り感や助言等を直接尋ねるための時間です。必要感をもった生徒が集い、講師との対話が和やかながらも高い熱量で行われる場となっています。

職員室という可能性

日本の学校には、日常的に対話を行える職員室という場が設置されていますが、あることが当たり前すぎて、機能を生かし切れていないかもしれません。アメリカのある高校では、先生方は自身の教室をもっており、そこに生徒が授業を受けに来るというスタイルで学校が運営されていました。業務連絡はメールで行い、普段から先生方が同じ部屋に集まる機会はないそうです。現在、端末を利用した連絡共有が進んでいる学校も多く、空いた時間を先生方に返すのも有効な方法だと感じる一方で、本来の日本の職員室の機能を取り戻すために、時間を捻出してチェックインや対話の機会があってもよいのではと考えます。そのことは、探究活動を共創的に支援することにつながると考えています。探究活動支援の時間を捻出するために、当たり前を疑い工夫していくことも大切になるかもしれません。日本中の様々な学校で、目の前の生徒と向き合い、よりよい探究活動を進めようと先生方が身を削るような思いをしながら日々業務を進めています。今後、各学校において探究活動を起点に「学習する学校」が豊かに育ち、その学校コミュニティ間で学び合いが進むことを願っています。

探究活動は、本来自然な学びであり、将来の大人たちが豊かな生活を送っていく上で根幹になる活動です。様々な個性や興味・関心をもつ生徒たちは、将来どのような見方・考え方で世の中を切り拓いていきたいのでしょうか。探究活動を通して自己理解を深めていく上でも、理科の見方・考え方といった1つの方向からでなく多くの教科の先生方がそれぞれの視点から多面的に携わっていくことの意味は大きいはずです。学校は、ダイヤモンドのように過去・現在、そして未来にかけて様々な先生方が磨きをかけて輝いている場所であることを忘れてはいけません。

POINT

・先生同士で学び合いながら、全体で探究活動を進めよう。
・職員室という場を活用して、「学習する学校」にしよう。

21世紀の日本における探究的な学びの変遷

溝上先生の実践は、スーパーサイエンスハイスクール（以降ＳＳＨと略記）事業を始めて以降の、日本の課題研究の歴史そのものかもしれません。当初一部の生徒を対象に始まった取り組みが徐々に広がり、総合的な探究の時間が始まったこともあって、現在では（熊本北高校の第Ⅲ期ＳＳＨのように）全体に広がっています。

取り組みを全体に広げる際に、生徒のモチベーションの差や実験施設などの限界が課題となります。しかし、溝上先生の実践ではその課題を指導機会に変えられています。生徒が現在の環境でできることを探索しながらテーマを洗練させていくという指導プロセス、テーマ設定時の徹底したリフレクションなどは多くの学校にとって参考となる指導です。そして、生徒への探究活動のテーマと興味・関心そして自分自身の過去・現在・未来を一致させるような声かけは、総合的な探究の時間がキャリア教育の絶好の機会ということを体現されています。この時間によって熊本北高校のキャリア教育がより充実していることは言うまでもありません。

探究の時間があることで、学習する組織が実現する

溝上先生の実践で注目すべきところは教員が学び合いながら、生徒の指導を進めているところです。担当者による会議を伝達ではなくワークショップ型の学び合う形にされ、先生方が困っていることを共有しながら取り組みを進めておられます。オンライン研修日誌を生徒との対話だけでなく教員の情報共有ツールとして使っておられるところも注目すべきところでしょう。こうしたことの結果、生徒の外部連絡や校外調査を進める際のスキームの整理やScience Caféの実施が生まれます。

総合的な探究の時間が負担である、指導方法がわからないなどの声をよく聞きます。もしかしたら私たちはそうした声を聞かなかったり、一部の先生が大きく負担したりすることで他の先生の負担を減らそうとしてしまっているのかもしれません。しかし大切なことは教員が学び合うことです。日本には職員室という日常的に対話を行える場があります。その機能を最大限に発揮し、探究の時間を起点に学習する学校が育つこと。これが日本の教育力を上げる近道なのではないでしょうか。

CASE 6

特別活動「キャリア・パスポート」は自己実現の伴走者

沖縄県立北中城高等学校　神谷百恵

「キャリア・パスポート」で「縦」をつなごう

特別活動はキャリア教育の要とされています。特にホームルーム活動においては、学校や家庭、地域における学習や生活に見通しを立てたり、学んだことを振り返り新たな学習への意欲につなげたり、将来を見通して自らの在り方生き方を考えたりする活動が求められています。そのような活動をより充実させる教材が「キャリア・パスポート」です。

今回は、小・中・高と蓄積された「キャリア・パスポート」で自己理解を深め、卒業後の生き方を見通す「縦」のつながりを意識したホームルーム活動の実践を紹介します。

学習指導要領の改訂により高等学校のホームルーム活動では内容項目「（3）学業と進

路」が「（３）一人一人のキャリア形成と自己実現」に改められました。同時に、小学校の学級活動に「（３）一人一人のキャリア形成と自己実現」が新設されたことで、小・中・高の学習内容の系統的なつながりが明確になりました。さらに、現在の学びと生涯にわたる学習とのつながりを見通すために「児童生徒が活動を記録し蓄積する教材」、すなわち「キャリア・パスポート」が、小学校から中学校、中学校から高等学校へと引き継がれ、そのつながりは目に見える形となっています。

題材「将来を見通し目標を立てる」

人は生きていく中で様々な課題や困難に直面します。それらの課題に柔軟かつたくましく対応し、社会的・職業的に自立するためには、生徒自身が、自らが学んできたことと働くこと、そして生きることとの結びつきを理解して、他者と協働しながら自分なりの人生を創っていく力が求められています。また、自分のよさや身に付けた力を肯定的に捉え、課題や困難に対しても前向きに処理しようとする態度を支える自己肯定感の醸成が必要不可欠です。本実践は、「キャリア・パスポート」を活用して自己理解を深化させた上で、

30歳までの人生を描くグラフをヒントに、将来を見通す活動です。生徒は、自らの在り方生き方について考えを深め、自分の将来において予想される困難や課題を乗り越えるためにこれから身に付けるべき力を明確にして、新たな学習や生活の具体的目標を設定していきます。この実践はホームルーム活動の時間に行いました。実際の授業は次のような流れです。

導入	ねらい「自己理解の深化」「今後の学校生活の充実と、社会的・職業的自立に向けて3年次の行動目標を設定する」を確認する。
展開	①「キャリア・パスポート」でこれまでを振り返り、自分のよさや身に付いている力をできるだけ書き出し、整理する。 ②卒業から30歳（約10年後）までの人生グラフを作成する。 ※必ず挫折を2回設定し①でまとめた自らのよさや力で乗り越えられるようにする。乗り越えられない場合は、どのような力があれば乗り越えられるかをメモしておく。 ③それぞれの人生グラフを他者と共有する。 ④人生グラフを基に、3年次での行動目標を考える。
終末	本時の振り返り

展開①において、蓄積された「キャリア・パスポート」を活用して自分のよさや身に付けた力を書き出していく過程では、多くの生徒が自らの記述の内容や量の変化、行事等の振り返りに書かれているクラスメイトの評価などから、自分自身の成長を感じることができ、自然と笑顔になっていたのが印象的です。また、当時の担任や保護者からのコメントを発見して「中学のときの担任がこんなに励ましてくれている。がんばらないとな」や「お母さんのコメントがある。しかもめっちゃほめている。嬉しい」と改めて勇気付けられた生徒も多く、「キャリア・パスポート」を通した対話的な関わりが生徒の自己有用感や自己肯定感を高めていることを実感しました。

今回の人生グラフには、２回の挫折という条件をつけたため、最初は将来が怖くなったという生徒もいました。それでも自分の強みを生かして挫折を乗り越える姿を想像したり、乗り越えるために必要な力を明確にしたりしたことで不安が解消され、将来が楽しみになったと安堵の表情が見られました。授業後の生徒の振り返りの一部を引用して紹介します。

【「キャリア・パスポート」について】

・これまで取り組んできた「キャリア・パスポート」で自分の考え方の変化が目に見えて、成長を感じることができたと思う。このように、自分自身を振り返ることは新たな自分のよさを見つけることができると思うので、高校を卒業しても自分で取り組んでいきたい。

・中学の頃の「キャリア・パスポート」を見たら、あのときできてなかったことが今はできてると成長を感じて嬉しかった。

・改めて自分のよさとは何なのか気づかされた。その自分のよさというのがこれからの将来にどう生かされるのか楽しみだなと感じた。

【人生グラフで挫折のある人生を想像して】

・高校で身に付く力で、人生で挫折しても立ち直れるんだなと感じた。

・生きていれば、壁にぶつかることもあるので、未来を見通してリスクに備える癖をつけたい。また、今回、ストレスマネジメント力がないことに気づいたので、新たな趣味をつくり、没頭できる何かを見つけようと思った。

・これから自分は失敗から学ぶ力を意識することが大切だと思った。

・これから必要となる力は、人生どうにかなる精神じゃなくて、どうにかするために計画性を大切にする力を身に付けることだと思いました。

・自分がこれから身に付けないといけない力を意識することができた。特に自分は課題を見つけて改善する力が必要だと思った。

【３年次の目標を立てよう】

・自分は自己を認める力が足りないと思うので、卒業までに授業や行事を通して、自分の強い部分や弱い部分を肯定しながら自分の目標である大学進学に向けて励みたい。

・高校にいる間に様々な人と関わり、人間関係でのストレスに対する耐性をつけていきたい。

・自分と他人を大切にする力が足りない。３年ではみんなとたくさんのことに挑戦し、自分たちは助け合いな

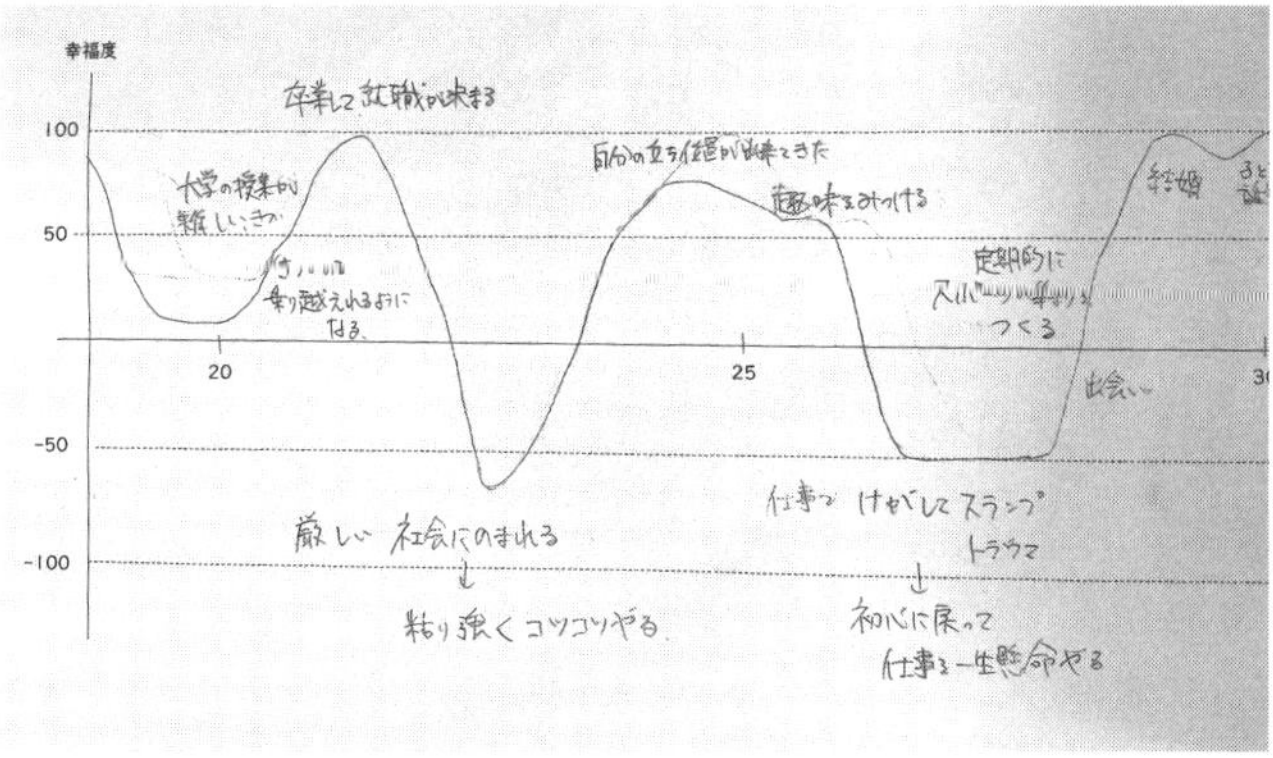

がらたくさんのことを成功させてきたと思えるようにしたい。成功できなかったとしても、それを糧にその後の人生でも挑戦し続けたい。

生徒の振り返りからは、人生グラフを考えることで、自分の能力や強みは将来どのように生かせるのか、挫折をどう乗り越えていくのかを考えることができ、今の自分と将来とを結びつけたことがわかります。また、理想とする姿と現実との差を意識したことで、将来の自分から逆向き設計で、卒業時までに身に付けたい力を明確にしています。この活動は、自らの将来において予想される挫折を乗り越えられるよう、これからの学習の見通しを立てる「キャリアプランニング能力」の育成の取り組みであるといえます。

「キャリア・パスポート」をどう活用するかがカギ

平成28年の中教審答申では、子ども一人ひとりが、自らの学習状況やキャリア形成を見通したり、振り返ったりできるようにすることが重要だとされ、「キャリア・パスポート」などを活用して自己評価を行うことを学習活動の1つとして位置付けています。さらに、教員が対話的に関わることで、自己評価に関する学習活動を深めていくことも重要だとされています。「キャリア・パスポート」のもつ可能性を最大限に発揮するためには、各学期や学年の節目の目標や振り返りの記録だけではなく、それらを「活用」することがカギです。ホームルーム活動における校種や学年を超えて学びをつなぐ取り組みや、個人面談等に活用した生徒理解、キャリア・カウンセリングの実施は、生徒自身が自己を肯定的に捉えたり、自らの在り方生き方について主体的に考えたりする機会となり、生徒の目標や行動、意識の変容をもたらします。このような活動による自己評価の積み重ねと深化が、生徒のキャリア発達を促し、自己実現につながっていくのだと感じています。

POINT

- 特別活動はキャリア教育の要。ホームルーム活動を大切にしよう。
- 蓄積された「キャリア・パスポート」をつなぎ、自己肯定感を高めよう。
- 小中高とその先の縦のつながりを意識して、人としての在り方生き方を考えよう。

「キャリア・パスポート」の本質は振り返りで学びを未来につなぐこと

「キャリア・パスポート」の取り組みが進んでいますが、その重要性や可能性は十分に認識されていないかもしれません。「キャリア・パスポート」を使って振り返ることで生徒は自己理解を深め、卒業後の進路も見通せるようになるのです。神谷先生の実践はこのことを明らかにされています。

神谷先生は、自己理解の深化や3年次の行動目標の設定を目標として、「キャリア・パスポート」を活用されます。挫折を2回設定し、そこを自らのよさや力で乗り越えるなど、細かな工夫もすばらしいですが、特筆すべきは「キャリア・パスポート」を用いて自分のよさや身に付けた力を書き出していく過程です。未来を描くときに大切な自己肯定感や自己有用感を生徒が自然ともてる仕掛けがされています。

対話的に関わることの大切さ

神谷先生の実践で忘れてはいけないことは、「キャリア・パスポート」を用いて生徒と対話的に関わることの大切さです。実践では生徒が過去の担任の先生や保護者のコメントを発見し、その人たちのことを思い浮かべて勇気をもらっている場面があります。この取り組みができるのは、過去に「キャリア・パスポート」を使った対話的な関わりがあったからです。生徒たちは「あのときできてなかったことが今はできてる!」「改めて自分のよさとは何なのか気づかされた」などの感想をもっています。

このように「キャリア・パスポート」は節目での目標や振り返りの記録だけではなく、校種や学年を超えて生徒の学びをつなぐものなのです。「キャリア・パスポート」を用いたキャリア・カウンセリングも可能でしょう。可能性の大きな「キャリア・パスポート」ですが、その本質は振り返りであり、対話的な関わりなのです。神谷先生の実践はこうしたことを伝えてくれる実践です。

CASE 7

キャリア教育コーディネーターの取り組み
―名古屋市のキャリア教育

名古屋市立高等学校キャリアナビゲーター　長谷川涼
A-sessions 代表　上井　靖

日本で一番子どもを応援し、一人の子どもも死なせないマチ　ナゴヤ

２０１５年に名古屋市長名で、ナゴヤ子ども応援大綱「日本で一番子どもを応援し、一人の子どもも死なせないマチ　ナゴヤ」と定められました。名古屋市では、小中高生の自死をなくし、すべての子どもたちの発達を支援するため、常勤のスクールカウンセラー、ソーシャルワーカーなどからなる「子ども応援委員会」が２０１４年に設置されて、相当数の相談が寄せられていました。しかし、自死数はなかなか減りません。原因はいじめによるものだけではなく、複合的なものが多く、将来を悲観した親子での自死も発生してい

ます。

教師、スクールカウンセラーがいくら手を尽くしても限界があるのではないか、もっと多くの方で子どもたちを見守り、応援する大人が必要ではないかということから、その子の人生（ライフキャリア）を応援する専門家を配置することとなりました。ナゴヤ子ども応援大綱には次のように書かれています。

学校にキャリアの専門家の配置を推進し、人生を生き延びるスキルを子どもたちが自ら考え、自ら学ぶ環境づくりに取り組むことで、子ども一人ひとりの針路を応援します。

この方針のもと、２０１８年から、名古屋市子ども青少年局主管で、名古屋子どもキャリアサポートモデル事業が、名古屋市立小学校２校、中学校２校、高校２校で始まりました。その後、順次モデル校が増え、現在は、教育委員会のもと、名古屋市立中学校110校、高校14校、特別支援学校５校に、国家資格キャリアコンサルタントをもつ専門家（キャリアナビゲーター）が常駐し、キャリア教育を推進しています。（上井　靖）

キャリアナビゲーター（通称キャリナビ）の取り組み

筆者は28歳で中学校教諭を退職し、最初のモデル校（中学校）で3年間キャリアナビゲーターを務めました。このとき教職員と連携した授業方法を確立し、特に「学校と信頼関係を築く方法」を見出すことに注力しました。その後、普通科高校、専門科高校を経験し現在に至ります。

キャリナビの主な業務は、ライフキャリアに関する出前授業や生徒相談、外部とのコーディネート（総合的な探究の時間、教科の授業、教職員向け研修などを含む）です。

豊かで持続可能な実践には、キャリナビのような外部専門職と教員の相互理解が欠かせません。外部専門職が教員を理解するために、次の4点が大事だと考えています。

①学校文化・用語　②学校スケジュール　③教員の多忙さ　④現場の業務

外部専門職の方にとって、学校文化は理解し難いかもしれません。服装、言葉遣い、生徒指導、一つひとつに歴史や背景があります。また、「分掌」「努力点」「指導要録」「所見」など学校用語の意味を知ることも取り組みを進める上で役立ちます。

学校の予定は年間計画、行事予定、時間割表、時程を参照します。学校がチャイムで動くことや、急な生徒対応があることも念頭に置いておくことが大切です。

教員は多忙です。教員の勤務時間の３分の２は授業で、３分の１は部活動や委員会、家庭への連絡、山ほどある事務作業を行います。土日に部活動や授業の準備があることも外部専門職は知っておいた方がよいと思います。

キャリアナビゲーターが支援する授業には目立たない業務が伴います。体育館で学年一斉の授業をする際は、時間割の調整、会場の予約、冷暖房の設定、カーテン、プロジェクター設定、朝練の確認、音響、整列、施錠などの業務が発生します。これらをキャリアナビゲーターが自分事として行うことで、先生方との信頼関係を築く一歩となります。実践が円滑になると、教員のキャリア教育への関心が自然と高まります。教員と外部専門職がそれぞれの専門性を共有し合うと、学校全体の取り組みが加速するでしょう。

専門科や普通科での様々な取り組み

具体的な取り組みを２つ紹介します。１つ目は名古屋市立名古屋商業高等学校（商業科）での取り組みです。「商品開発と流通」科目で、与えられたミッションを基に商品の開発・販売を目指す年間を通したプロジェクトを実施しました。ミッションは「未利用木材をアイデアで売れ！」で、連携先は「岡崎ビジネスサポートセンター」です。アンケート調査、コンセプトの確立、キャッチコピーや商品タイトル、デザインの考案を授業で実施しました。そして、最終プレゼンで決めた商品を有志で販売しました。並行する教科書の学習は、実践を前提とした質の高いインプットになりました。

3年生では、総合的な探究の時間を「課題研究」に代替しています。教員1名に複数の生徒がつく「ゼミ」のようなスタイルです。保健センターとの薬物乱用防止グッズ作成、区役所との連携、味噌の会社との商品開発などを行いました。生徒が「自ら考え、行動する」ことを迫られる取り組みです。外部と連携する責任感や、様々なハードルが、生徒のモチベーションを高めます。教員からは、「実務家による実践的な内容を聞くことで自身の授業の幅を広げることができた」という声がありました。

2つ目は名古屋市立富田高等学校（普通科）での取り組みです。2年生に対して「ソーシャルビジネス起業体験」を10コマで次のように実施しました。

① 起業家による講演を行い、アントレプレナーシップの必要性を理解する。

②③　社会課題を調べ、解決したいことを紙に書く。学年280人でその紙を掲げて歩く。似たテーマを掲げた人が磁石のようにくっつき、チームをつくる。（マグネットテーブル）
④～⑧　各クラスに学生起業家をメンターとして配置し、サポートを受けながらチームで課題の解決方法とビジネスプランを作成する。
⑨⑩　プレゼンテーションと振り返りを行う。

アイデアを先生方に提案した際は「お金儲けを教えることに違和感がある」「この方法ではグループをつくれないと思う」等の懸念が出ました。懸念の声に傾聴し、その背景を理解した上で意図を伝え、学校が安心して実践できる形にして実施しました。

起業家や学生起業家は、筆者が交流会に飛び込んで依頼し、多くが快諾してくださいました。授業後、意欲が低くマイナス思考の生徒が「何か新しいことをやってみようかな」と話していました。外部人材との出会いが、キャリアの可能性を広げた一例です。

これらの他に、複数の学校でキャリア教育に関する実行委員会のようなことも実施されています。キャリアナビゲーターが生徒を募集し、実行委員会のように活動する事例です。具体的には、次のようなことが生徒主体で進みました。
・外部と連携した放課後イベントの企画（普通科・専門科）

・生徒にとっての不便さを解決する提案、地域活動やボランティア（普通科）
・他校や企業と連携した商品開発および販売（商業&工芸）

これらの実行委員の生徒からは「自分には主体性があると思う」という声があがり、これらの生徒が発揮する主体性は学校全体に広がっています。

筆者が複数の校種（中・高）を経験して気づいた課題

筆者は複数の校種を経験しました。その中で気づいた、今後重要なことを3つ書きます。1つ目が校種間での系統性を保てるような情報共有です。探究活動、生徒による行事の運営、ＩＣＴ機器の活用等、校種間の系統性が保たれていない場面が垣間見られます。校種間で情報共有を意識的に行うことが重要です。2つ目は家庭と地域が、キャリア教育の当事者として参画できる関係性づくりです。キャリア教育は学校だけでなく、家庭・地域と一緒になって進めていくものです。そのためにも、キャリア教育の重要性を家庭・保護者・社会に向けて発信することが重要です。3つ目はキャリア教育の推進・充実度合を自己点検できる基準づくりです。キャリア教育の充実度合の格差が広がらないためにも、各学校がキャリア教育の推進・充実度合を自己点検できる客観的な基準を研究諸団体等と協力してつくりたいと考えています。

現在、名古屋市は、名古屋市立中学校・高等学校・特別支援学校に常駐配置されている「キャリアナビゲーター」とともに、「キャリア教育推進センター」を開設し、各学校の「キャリアタイム」をサポートしています。

詳しくは、名古屋市のキャリア教育の推進をご覧ください。（長谷川涼）

POINT

・人生を生き延びるスキルを子どもたちが自ら考え、自ら学ぶ環境をつくろう。
・キャリア教育コーディネーターや、キャリアコンサルタントと連携してみよう。
・ワクワクの後ろに、ドキドキ・ハラハラのある実践をしてみよう。

外部人材活躍の鍵は異文化理解

本実践は教員ではないコーディネーターの方が学校に入って業務の一部を担うという実践です。これからの時代にこうした外部人材と呼ばれる方が学校で活躍することは重要なことであり、その点でも学ぶべきところが多い実践です。

組織にはその組織特有の文化がありますが、それは組織の内部にいるとなかなか認識できません。学校には学校固有の文化がありますが、それが学校固有だということは学校の内部にいる教員は意外と認識できていません。長谷川さんが書かれている「教員を理解するためにおさえたいこと」は大切なことばかりです。異文化は批判するものでなく、理解するものです。外部人材の方が学校文化を理解できず、その結果活躍できていないケースが数多くあるように思えてなりません。教員が学校文化を理解すること含め、お互いの理解がこれからの時代のキーワードになることは間違いありません。

外部専門職によって教育の質が向上する

学校にキャリアの専門家を配置するという名古屋市の施策は画期的なものですが、それによって学校の教育の質は確実に向上しています。長谷川さんが書かれている事例を、もし教員がすべて抱えて進めていたらどれだけの負担だったでしょうか。外部との連携はやることが多いです。外部専門職の方は、それらを引き受けつつ、キャリア教育の専門家の知見をもって取り組みを進めます。その結果、教育の質が向上し、生徒がより成長します。キャリア教育の専門家がもつ人のつながりも貴重なものです。読者の方はこうしたことに気づかれるのではないでしょうか。

最後に3つ重要な問題提起があります。校種間の連携、当事者として参画できる関係性づくり、キャリア教育の推進・充実度合を自己点検できる基準づくりです。これらは外部専門職として学校に入られたからこそ気づかれた視点でしょうし、こうした声がこれからの学校には重要です。教員だけではなくみんなで、よりよい学校教育・よりよい社会を創っていく、そんな未来が近いうちに実現するのかもしれません。

CASE 8

「つくりたい未来に向けて探究し続ける意欲」を育む全国高校生マイプロジェクト

認定特定非営利活動法人カタリバ　山田将平・横山和毅

２０１２年、東日本大震災の被災地の高校生が共有してくれた「復興に向けて、自分たちにもなにかできることがないか？」という想いから、高校生マイプロジェクトの取り組みが始まりました。

それから約10余年、「取り組みへの主体性」「行動を起こした結果のリアルな経験」「振返りを通した意欲や見方の変容」が高校生の成長と社会の未来にとって重要と考える高校の先生方（約600校）や自治体・地域パートナー団体（18エリア）、応援者である企業・団体等とともに実態をつくってきました。２０２３年度には上記の要素を総称する「高校生マイプロジェクト的な探究」に取り組む高校生が約10万人となりました。ここでは「高校生マイプロジェクト」の実際の事例などを切り口に、「探究×キャリア教育」がもつ可能性を考えていきます。

高校生マイプロジェクトとは

「マイプロジェクト」は２００６年頃に慶応義塾大学特別招聘准教授であった井上英之研究室で、ソーシャルアントレプレナーシップ（社会起業家）研究の中で生まれました。井上研究室源流の「me編」「プロジェクト編」という考え方を基礎としながら高校生マイプロジェクトを形づくっていきました。

高校生マイプロジェクトでは「取り組みへの主体性」「行動を起こした結果のリアルな経験（調査含む）」「振り返りを通した意欲や見方の変容」を重要な要素として、結果的に「つくりたい未来に向けて探究し続ける」姿勢が育まれることを目指しています。学習指導要領解説に示されている生徒の学びの姿―「①日常生活や社会に目を向けた時に湧き上がってくる疑問や関心に基づいて、自ら課題を見付け（課題の設定）、②そこにある具体的な問題について情報を収集し（情報の収集）、③その情報を整理・分析したり、知識や技能に結び付けたり、考えを出し合ったりしながら問題の解決に取り組み（整理・分析）、④明らかになった考えや意見などをまとめ・表現し、そこからまた新たな課題を見付け、更なる問題の解決を始めるといった学習活動を発展的に繰り返していく」―と重なります。以下に2023年度の高校生マイプロジェクトの例を2つ紹介します。「わたし（たち）」という主体が動因になるため、様々なテーマが生まれ、発展していきます。

・価値観を超えてゆけ！　命のバトンリレー大作戦（文部科学大臣賞）
―若い世代で献血をする人を増やすことを目指し、献血を行った方・献血を受けた方へのインタビュー内容を参考にボードゲームを作成、体験会等も各所と連携し実施。
・すっぷくを広めたい!!　第2弾（マイプロジェクトアワード特別賞・高校生特別賞）
―郷土料理「すっぷく」を広げるプロジェクト。郷土料理が自分の居場所をつくったという気づきから、「広げる」に加えて「すっぷくで人をつなげる」ことを目指す。

先輩からの引き継ぎの場合や、複数人のチームで最初から同じ深さの熱量や視点からテーマ設定ができていない場合でも、「リアルな経験」と「振り返り」を重ねることで「取り組みへの主体性」を生み出し、テーマや取り組みに対する自己調整や、そのチームだからこその発展を起こしていく姿を高校生はこれまで見せてきてくれています。

どのような出発点であるにせよ、プロセスを経て「意欲や見方の変容」が起こり、「つくりたい未来に向けて探究し続ける」姿勢が続いていくことが重要です。毎年冬に開催している全国高校生マイプロジェクトアワードは、高校生同士や社会人も交えた対話・助言を通して、それらを実現する補助線的な機能・仕掛けとなることを意図しています。

※２０２３年度の全国 Summit は下記より視聴可　https://myprojects.jp/article/info/summit_zenkoku2023_archivemovies/

取り組む中で高校生にどのような変化が生まれているか。カタリバが２０２２年にマイプロジェクト経験者１６５４人にとった、「マイプロジェクトを経験した自分」についてのアンケートでは下記の結果が出ています。（数字は「そう思う」以上の回答割合）

・うまくいくかわからないことにも積極的に取り組む：85・３％
・今回の経験から、自分の将来は自分で切り拓けると思えるようになった：86・８％

これらの結果は未来をつくるベースになる「新たな学習や生活への意欲」「主体的に選択する態度」が生まれている結果と言えるでしょう。一方で、前述の「総合的な探究」でも示されている「主体的に探究し続ける姿勢」は決して簡単に生まれるわけではなく、現場での日々の工夫が実る結果と言えます。高校時代にマイプロジェクトを経験した大学生へのインタビューから、主体的に探究する姿勢がどのように育まれたか紹介します。

探究を通した見方考え方の変容、その変容を生んだ言語化

現在、東京学芸大学に通う大学2年生の和賀菜々香さん（福島県立ふたば未来学園高等学校卒）は、高校在学中に「Let's cheer up ふたば!!」プロジェクトに取り組みました。避難先で始めたチアダンスを活用して、地元である双葉郡の小学生を対象に創作チアダンスプログラムを実施し、東日本大震災後の地域の学校の小規模校化による子どもたちの「新しい出会いやコミュニケーション体験の不足」「地域の習い事の数が少ない」という地域固有の課題に対して向き合ってきました。マイプロジェクトに取り組むことで高校生にどのような変容が起きるのか、和賀さんへのインタビューから考えていきます。

―マイプロジェクトに取り組む前後で、和賀さんにはどんな変化がありましたか？

ひと言でいうと、チアダンスへの捉え方が変わりました。もともと高校以前でチアダンスをしているときは「競技色」が強い部分になんとなくモヤモヤしてたんです。「じゃあ、私にとってのチアってどういうものなのか？」について活動を通して考えていったら、「チアの根本には『誰かを想う気持ち』があるんじゃないか」ということに気づ

きました。そうすると活動の中で見えた双葉郡の子どもたちを取り巻く課題にも、「チア×教育」「チア×コミュニティづくり」のように捉えることでアプローチできるのではないかと考えられるようになりました。これまで点と点だったテーマが「線」になっていった感覚です。また、地元への捉え方も変わりましたね。原発事故の影響で幼稚園の頃に双葉郡からは一度離れて仙台で暮らしているのですが、そのときは「楽しい思い出があった場所」でした。でも、プロジェクトに取り組む中で地域のいろんな人と出会ったことで、双葉郡が「本当のふるさと」になった気がします。単に思い出がある場所ではなく、会いたい人がいる場所や思い入れがある場所が「ふるさと」なんだと、私にとってのふるさとの概念が広がったと思います。

―具体的にどんな場面で考えが深まったり、変化があったりしたのですか？

言語化の機会は重要でしたね。校内の探究発表会やマイプロジェクトアワード、あるいは探究に関する1対1面談などの場面は、「ここまで自分がやってきたことって何だったんだろう」ということについて振り返る時間でした。その中で先生や地域の方が、考えがまとまっていなくても話を聴いてくれたり、「あなたが言いたいのってこういうこと？」のように言語化を手伝ってくれたりしたことはかなり大きかったですね。チアへの想いや原点を何度も言語化する機会があったからこそ、進路選択でも「チア×教育」という先行研究がまだ少ない研究テーマを見つけられた気がします。

――最後に、現在まで探究の経験がつながっていると感じることはありますか？

実は大学にモチベーション高く入学した一方で、高校までのように伴走者が日常的にいなくなって、自律的に学ぶことに正直戸惑いがありました。でも高校のときと同じく、「これでいいんだっけ？」というモヤモヤに向き合うことは続けています。私はマイプロジェクトに取り組んでいなかったら、きっと「このくらいでいいか」となんとなくモヤモヤを抱えたまま、もっとつまらない人生を送っていたと思います。でもマイプロジェクトを通じて、「私には、チアで応援したい人がたくさんいる」と気づけました。だからその想いに、誠実に向き合い続けたいと思っているんです。

振り返りを動因にした「わたし」と「社会」の往還が、学び続ける姿勢をつくる

自分のテーマとして「チア」をまずキーワードとしてもてたこと、双葉郡の小学生を取り巻く課題に肌で触れたこと、そして感じたこと・経験してきたことを丁寧に言語化する

＝振り返ることができる環境があったこと。それが和賀さんの現在まで続く「探究し続ける姿勢」につながったと言えるのではないでしょうか。いわば、振り返りを動因に「『わたし』と『社会』の往還」を行う中で、見方・考え方が深まり、目指したい未来や自己の在り方生き方をもつことにつながっています。少し角度を変えると、「他の誰でもないこの私が、なぜこの課題・このテーマに取り組むのか？」という問いへの答えを暫定的にでももち、探究し続けているとも言えます。それは、今後のキャリアの羅針盤になる「物語」とも言えるのかもしれません。これらのことを実現するためには、いずれも各校・地域での不断の指導・伴走及びその環境づくりが重要です。一方で、そういった環境が実現されていない学校・地域もまだ少なくないからこそ、我々としても引き続き、その環境づくりのサポートができればと思います。

POINT

・「取り組みへの主体性」「行動を起こした結果のリアルな経験」が重要。
・感じたこと、経験したことを丁寧に言語化する＝振り返る環境をつくる。

探究×キャリア教育を体現している高校生マイプロジェクト

近年高校で急速に広がっている全国高校生マイプロジェクトの取り組みです。この取り組みはキャリア教育が原点のＮＰＯカタリバが２０１２年から始めたものです。その名の通り高校生の「マイ」を大切にしたプロジェクトですが、生徒たちはつくりたい未来に向けて探究し続けます。キャリア教育×探究をそのまま形にしたこの取り組みが近年急速に広がっていることが、総合的な探究の時間とキャリア教育の密接な関係を示しているように感じるのは私だけではないと思います。何より大切なことは取り組んだ高校生へのアンケートでの「うまくいくかどうかわからないことにも積極的に取り組む」「自分の将来は自分で切り拓けると思えるようになった」の質問への極めて高い肯定率です。マイプロジェクトはアワードもあり、結果としての賞に目が行きがちです。しかし大切なことは結果でなく、生徒たちが自分の人生への主体性をもつことです。人生への主体性をもった生徒たちは、新たな学習への生活や意欲をもち、主体的に選択するでしょう。この取り組みがこれからどのように発展していくのか、今から楽しみです。

探究の深まりや言語化が生徒の変容につながる

マイプロジェクトに取り組むことで高校生にどのような変容が起きるのかを考察されています。大学生へのインタビューから、チアダンスへの捉え方の変化や自分の思いの言語化が大きな影響を与えたことがわかります。インタビューはあくまでも１人の例ですが、プロジェクトに取り組むことで大きく成長した生徒に共通することであることは間違いありません。大切なことは振り返りであり、振り返りを動因にした、わたしと社会の往還なのです。他の誰でもない私が、なぜこの課題・このテーマに取り組むのかという問いへの答えは、まさに自身の物語であり、それが積み重なったときにその人のキャリアになります。この事例で書かれていることは、学習指導要領の解説に書かれている探究の高度化とも極めて共通点が多いです。この事例で明らかになったことを基にして、今後生徒の成長の分析が進んでいけば、次の教育の在り方が見えてくるようにも感じます。鍵はキャリア教育×探究である。そんなことを改めて確認させてくれる事例です。

CASE 9

児童・教員・保護者全員が探究学習の主体者となる実践

立命館小学校　新澤津純輝・鷲見秋彦

学年経営の核として取り組んだ探究学習「平和」

4月のはじめ、本校の5年生を担当する8名の教員で、学年目標とあわせて年間の探究学習のテーマについて話し合いました。そこで私たちは広島への宿泊体験学習を核として探究学習を計画することにしました。1学期の探究学習のテーマを「平和」、2・3学期の探究学習のテーマを、「継ぐ」にしました。1学期に学んだ「平和」についての学びを身近な集団に生かしつつ、伝統文化や学校を題材に未来志向のアクションにつなげてほしいという願いを込めました。また、それらを貫く学年目標として「未来を信じ、未来に生きる」という目標を設定しました。これは、立命館学園の教学理念である「平和と民主主義」に関わる言葉でもあります。

1学期の探究学習の単元を貫く問いとして、「あなたにとって平和とは」「そのためにできることは何か」という2つを設定しました。この2つの問いを、複数の授業で繰り返し考え続けることにより、平和への概念理解を深め、児童自身が「半径1m以内の身近な平和を創るピースメーカー」になることを目標としました。

また今回は、2人の専門家に関わっていただきました。1人目は、立命館学園と戦争の関係に詳しい後藤文男元校長です。戦後70年が経ち、児童にとってどうしても遠い時代の出来事として捉えられがちです。そんな「戦争」について立命館学園の視点で話を聴くことで、児童は「戦争は、自分たちの身近なところにあるもの」として実感を得ることができました。2人目は、立命館大学の荒木寿友先生です。荒木先生には、多様性についてのワークショップを行っていただきました。「先入観が偏見に、偏見が差別につながる」ことについて学びました。「戦争について考える」ときに、その迫り方は様々です。新たな視点や実感を得るために、外部の専門家の協力を得て、多角的な学びを行いました。

児童、保護者が探究学習の主体者となる場「平和サミット」

前述の学習のまとめの場として、授業参観を活用し、保護者にも参加してもらうアウトプットの場を設定しました。題して「立命館小学校・平和サミット」。ここからはこの平和サミットの取り組みについて詳しく紹介します。まず、児童・保護者がそれぞれ3名ずつ6名程度の班に分かれて机を囲み、次のような流れで平和サミットを行いました。

①「私にとっての平和とは」を一人ひとり伝え合う（児童だけでなく保護者からも）
②みんなの「平和」の共通点を話し合い、班として1つの「平和とは」をまとめる
③その「平和」をつくり、守るために自分にできることは何かを話し合う
④各班の①～③の協議内容を、ポスターセッション形式で伝え合う

まずは、「自分の考える平和とはどういうことか」について、1人ずつスピーチをしました。児童はこれまでの学習をふまえて、事前に原稿を書き、発表の練習をしました。ま

た保護者にも事前にお願いをし、一人ひとりスピーチをしていただきました。

全員の発表を聞いた後、感想や意見を伝え合ったり、共通点を探したりしていくことを通して、最終的には「平和とはどういうことか」に対する答えを、班として１つの形にまとめました。当然、正解があるのではなく、様々な意見があることを確認したうえで、班で１つの形にまとめるように指示しました。

まとめたことに対して、平和をつくっていったり、守っていったりするために、一人ひとりが今日からできることについて話し合いました。

ここまでの意見を、ポスターセッション形式で他の班の人にも伝えました。保護者の方には、自由に他の班に回っていただき、各班の児童が発表役として残って、回ってきた保護者の方に向けて発表をしました。話し合いながら書いておいたメモを見せながら、班の協議の概要を伝えました。

自分にとっての「平和」とは「半径１ｍの身近な平和を創るピースメーカー」へ

宿泊学習とその事前学習では、主に「戦争」について知り、その対義語となる「平和」

について考えてきました。一方、この平和サミットでは、「『戦争』をしていなければ『平和』なのだろうか」という問いかけを何度も行いました。「『戦争』さえなければ、全員が『平和』なのだろうか」という問いかけです。「遠くのこと」、「昔のこと」から、より自分たちの身近な世界での「平和」について目を向け、考えられるように意識をしました。

児童だけで学習を完結するのではなく、保護者の方々に自分の言葉で伝えるようにしました。また保護者の方々の意見も聞き、さらに対話を深めていくためにも、児童には、しっかりと準備する時間を確保し、意欲的にその準備に取り組むことができました。平和サミット本番でも、それぞれの班で一生懸命、自分の考える平和について発表し、仲間や保護者と一緒に語り合う姿が見られました。

サミットを終えての、ある児童の振り返りです。

「（略）特に難しかったのは、真ん中の○に書く『班としての平和とは…』です。子どもだけでしたときは意見が少し似ていてやりやすかったけど、大人も混ざるとたくさんいろんな意見が出てきて、1つにまとめるのがとても難しくて時間がかかりました。いろんな平和について学べました。（略）子どもの意見では、『家族といられること』といった平和が多かったけど、大人の意見では、自分たち（お母さんたちにとっての子どもたち）のことを思って、『いじめがないこと』や『暴言がないこと』などの意見が多かったことに気づきました」

様々な角度から「平和」について学び、それを今の自分に引き寄せて改めて考えたことがわかります。友達や保護者という少し立場の違う身近な人と対話し、交流することで、小学校5年生の児童なりの「平和」と、それに向けての自分の在り方を考えることができたのだと感じます。

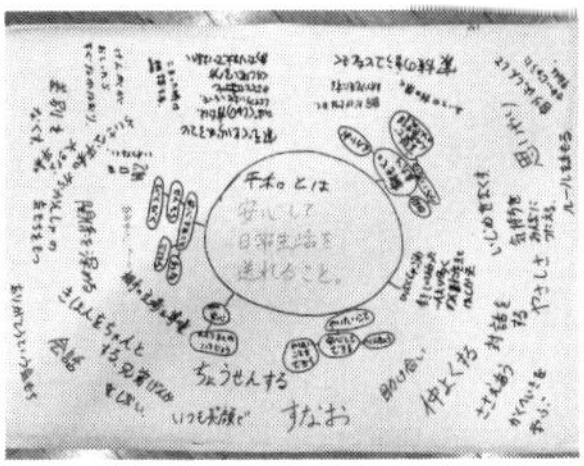

こちらは、保護者からの感想です。

「子どもたちと一緒に『平和』を語り合うよい時間となりました。『平和』とは、国家間だけの問題ではなく、戦争のない日本の日常の中にも『平和』なとき、『争い』のときがあると、子どもたちから気づかされました。そして、どうして『平和』が保たれないのかを班で話し合いました。私たちが他者に対し、思いやる心、尊重する心が欠けたときに、争いは起こります。だけど、お互いの気持ちが思いやりであふれたとき、平和な時間や平和な日々が過ごせます。改めて『平和である』ことを意識し、毎日を紡いでいきたい、そのようにみんなで締めくくりました」

テーマが「平和」というとても大きなものであり、また教科の学習を超えたものであるからこそ、教員だけでなく、保護者も児童と一緒に学びに参加することができました。単なる「学習発表会」ではない、保護者が児童や教員とともに学びに参加する新しい形での探究学習のまとめの場を創ることができました。

教科としての目標を外さずに、柔軟にカリキュラムを入れ替える

最後に、国語の教科としての視点から今回の探究学習を振り返ります。

まず初めに、国語科の年間単元計画を見渡し、「平和サミット」に活用できる内容を1学期に実施できるよう、学習の順番を入れ替えました。「書くこと」から1単元、および「話すこと・聞くこと」から1単元を選び、それぞれ「発表原稿づくり」「サミットでのスピーチ」をゴールの言語活動と捉えて授業を組み立てました。教科書に掲載されている題

材とは異なりますが、「教科としてこの単元を通してどんな力を身に付けさせるのか」を見失わないように気をつけながら、活動内容を変更しました。児童にとって、「様々な教科で継続して学んできたことを自分の言葉で伝える」ということは、児童にとって自然な動機付けとなります。教科書の順序を入れ替えて実施すると、もちろん細かな弊害が生じることも考えられます。しかし、それ以上に国語の学習を学年の探究学習と連携させる成果の方が大きいと実践を通して実感しました。

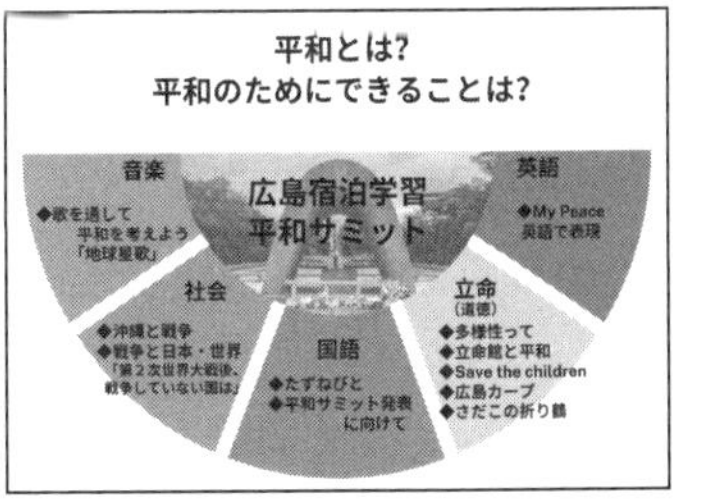

POINT

・学年に関わる教員全員で探究テーマを決め、学年経営とつなげよう。
・外部の専門家や保護者の人に協力してもらおう。
・教科としての目標を外さずに、柔軟にカリキュラムを組み替えよう。

場の重要性

小学校でも探究学習の取り組みは進んでいる、いや小学校でこそ進んでいるのかもしれない。そんなことを感じさせる実践です。

この実践では探究学習のテーマと学年経営とのつながりを大切にしています。だからこそ学習のまとめとしてのアウトプットの大きな場を学年として設定しやすくなります。「立命館小学校・平和サミット」の取り組みを小学校が実施することは驚くべきことかもしれませんが、学年経営と探究テーマをつないだところがポイントなのです。場の力は大きく、こうした場を経験することで児童が大きく成長することは容易に想像ができます。場をつくること、そのためにも学年経営の中に探究学習をしっかり位置付けること、そのことの重要性を示してくれる実践です。

各教科や保護者とのつながりの大切さ

本実践のテーマは平和という大きなものであり、教科の学習を超えたものです。また大人も一緒に考えることのできるテーマです。本実践では保護者の方も児童や教員とともに学びに参加できるようにデザインされていますが、大人も探究している姿を子どもに見せることは大きな意味をもつでしょう。また教科との連携も見逃せないポイントです。国語科で「書くこと」「話すこと・聞くこと」を扱っています。このことは児童にとって学ぶ意味がわかりやすくなり、同じテーマを様々な教科で扱う合教科的な学びの体験にもなります。探究と教科の連携はどの学校種でも大きな課題ですが、本実践では探究テーマに対して、教科ができることを考えて実践することで連携を実現されていきます。小学校でのこの取り組みが中学校や高校にも参考になることは間違いありません。

学校種を超えて考えることで、教員も視野が広がり、目の前の児童・生徒の卒業後のその先をイメージできるようになります。探究をキーワードにすると学校種を超えることができます。探究は校種をつなぐという意味でも重要な意味をもっているのです。

CASE 10

大学でのキャリア教育
―学び続ける教師を目指す人のために

京都女子大学　村井尚子

教員養成課程とキャリア教育

ここでは、京都女子大学の教職課程で教師を目指す人のためのキャリア教育について紹介します。大学に入って最初に受ける科目である1年次の教職論において、どのようなキャリア教育を行っているかを、実例を交えながら見ていきたいと思います。

1年次後期科目（教職必修2単位）の「教職論」の15回の授業のうち、1回目に「教職を目指すとは（他の職業との比較を通して）」、8回目に「教員のライフコース」、15回目に「学び続ける教師になるために」として、それぞれ教師のキャリアに関する授業を行っています。

学び続ける教師になるために

15回目の「学び続ける教師になるために」の授業では、「学びの樹」と呼んでいるワークを行っています。学びの樹を作成するために、以下の手順を踏みます。

①ポジティブ心理学の説明
②コアクオリティの説明
③他者からみた自分の強みを知る（ヒーローインタビュー）
④紙皿をつくる
⑤学びの樹をつくる

①ポジティブ心理学の説明

ポジティブ心理学は、アメリカ心理学会会長であったマーティン・セリグマン（Martin F. P. Seligman）が提唱した概念です。オランダの教師教育者であるフレット・コルトハーヘン（F. Korthagen）の説明に従って、ポジティブ心理学について見ていきましょう。「最高の部分を引き出す」ためには、うまくいっていないことに対峙し、それを改善しようと務めることが必要だと長い間考えられてきました。弱点を直そうとする「欠陥モデル」と呼ばれるものです。このモデルは教育のあらゆる分野に用いられています。これに対して、弱い部分を改善するのではなく、人のもっている強みに着目し、その強みを伸ばしていくことの重要性がポジティブ心理学によって強調されるようになりました。このポジティブ心理学の考え方を受けて、コルトハーヘンはコアクオリティという概念を提示しました(Korthagen, 2013)。

②コアクオリティの説明

私たちはそれぞれ、意識しているにせよ、無意識にせよ、コアクオリティ(core qualities:中核的な資質、その人のうちにあるよい性格、強み)を備えています。この強みを発揮することで、効果的に仕事をしたり学んだりすることができるとコルトハーヘンは主張します。それゆえ、自分自身の強み、資質、才能、そして理想を知ることで、自分自身が本当は何者であるのか、そのことに従って自身を高めていくことができるのです。

コアクオリティの例としては「創造性、努力家である、優しい、明るい、几帳面である、感受性豊か」などがあげられ、その他にもたくさんのコアクオリティがあります。自分自身で自分の強みについてどんどん考えてみることが第一歩です。ここで大切なのは、コアクオリティは、コンピテンシーとは異なるということです。コンピテンシーは、努力して獲得するものです。例えば、速く泳げるというコンピテンシーは、練習を積み重ねることによって身に付けられるものです。これに対して、コアクオリティは、その人の中にすでにある可能性であるとコルトハーヘンは強調します。また、コンピテンシーが多くの場合測定可能であるのに対して、コアクオリティはほとんどの場合測定することができません。このことには大きな意味があります。測定可能であれば、人との比較が可能となります。例えば、速く泳げるコンピテンシーを備えている人であっても、50ｍ自由形のタイムが28秒だとしたら、27秒で泳げる人と比べると「遅い」ということになってしまいます。私たちは、子どもの頃から、誰かと比べて自分がどうなのか、という評価にさらされてきています。そのこと自体が悪いわけではありませんが、人と比べることのできない強み、人と比べる必要のない強みを自覚・意識することは、その人の心の支えとなっていきます。

③他者からみた自分の強みを知る（ヒーローインタビュー）

自分自身のコアクオリティを自覚することはとても大切ですが、他者から自分の強みがどのようにみえているかを知ることは有益です。ここでヒーローインタビューのワークを行います。まず、4～5人組になり、ヒーロー役と取材陣に分かれます。ヒーロー役は、「最近起こった出来事で、よかったこと」について話します。続けて、取材陣が質問をしていきます。「どんな状況でしたか？」「うまくいった秘訣は？」といった質問をし、これにヒーロー役が答えていきます。終わったら、取材陣はヒーロー役の人のコアクオリティをメモしておきます。これを繰り返し、全員がヒーロー役を経験します。

④紙皿をつくる

ヒーローインタビューを行ったグループで紙皿をつくります。紙皿は、できるだけ平たいもので18センチくらいのものを人数分準備します。表面がコーティングしてあると、油性ペンで書き込みができないことがありますので、できるだけシンプルなものを選びます。紙皿を受け取ったら表（食べ物を載せる側）を向け、真ん中に、自分の名前を書きます。準備ができたところで、裏返して、自分の右隣の人に紙皿を回します。すると、自分の左手にいる人の紙皿が回ってきたことになります。受け取った人は、メモしてあった紙皿の持ち主のコアクオリティを記入します。この際、誰がどのコアクオリティを書き入れたかがわからないことが重要です。持ち主に見えないようにこっそり記入するように伝えます。

書き終わったらすぐに裏返し、また右隣りの人に紙皿を回します。受け取った人は同じことを繰り返します。

自分の紙皿が返ってきたらそれをしばらく眺めてみます。他者から指摘してもらったコアクオリティ、それも自分自身では想定していなかったコアクオリティについて考えることは、自分を見つめ直すことにつながります。自分自身の強みは、意外と自分ではわかっていないことも多いものです。

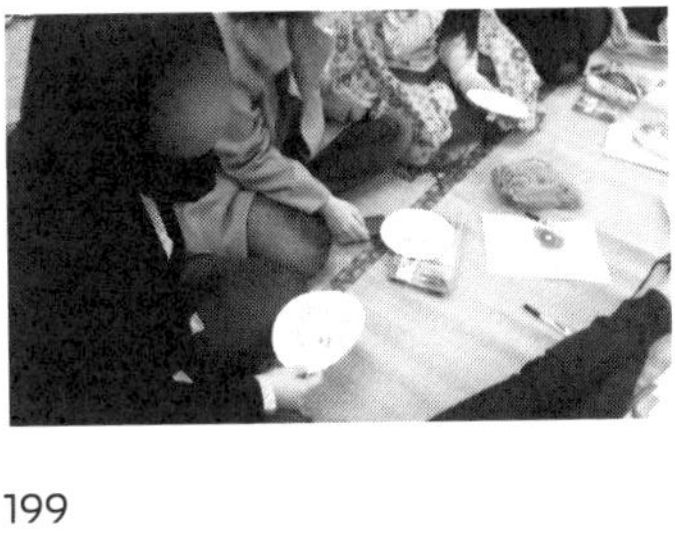

⑤学びの樹をつくる

いよいよ学びの樹をつくります。最初に、樹の根っこを描きます。根っこには、自分が選んだものに加えてグループの人たちから指摘してもらったコアクオリティを１つずつ書いていきます。次に、その自分のコアクオリティを生かして、どんな教師になりたいかを考え、樹の葉っぱに書いていきます。図の学生は、「明るい」というコアクオリティを生かして、「いつも笑顔を忘れない」、「明るい教室をつくる」と書いています。このように、コアクオリティを生かして理想の教師像を考えることが大切です。最後に幹を完成させていきます。幹には、コアクオリティを生かして、理想の教師になるために、何を学ぶか、どんな学びを続けるかを考えて書いていきます。この学生は、1年生の現時点で考えられる学びについて書いています。この学びの樹を手元に置いておくことで、学生生活で自分が何を目指していたのか、折に触れて振り返ることが可能になります。もちろん、2年生になって、3年生になってと、その時々で学びの樹は変化し、成長していくことでしょう。

本学では、4年生の最後に受講する教職実践演習という授業の中で、今一度同様の授業を行い、学びの樹をつくるように促しています。1年生のときの樹と比較することで、自分自身の成長を感じることができますし、卒業後に教師の職に就いてからも、折に触れて見返すように伝えています。仲間に書いてもらった紙皿も、学生にとっては一生の宝物になる

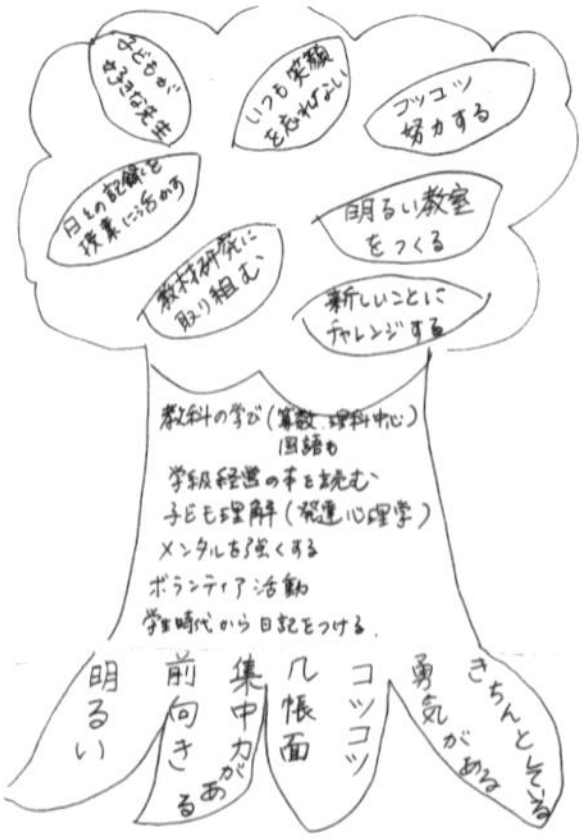

ようです。

【参考文献】
・Fred A. J. Korthagen, Younghee M. Kim and William L. Greene (eds.) Teaching and Learning from Within: A Core Reflection Approach to Quality and Inspiration in Education, Routledge, 2013.
・Frits G. Evelein and Fred A. J. Korthagen, Practicing Core Reflection: Activities and Lessons for Teaching and Learning from Within, Routledge, 2015.

POINT

・自分の強みを自覚しよう。
・強みを生かしてなりたい教師像を考えよう。
・なりたい教師に向けての学びに着目しよう。

強みに注目する大切さ

大学で、教員を目指す学生への取り組みですが、現職の先生方にとっても大切なポイントが数多く含まれている実践です。村井先生は15回目の「学び続ける教師になるために」の講義に焦点を当てて書かれています。その内容は「学びの樹の作成」。大学生が自分のコアクオリティ（中核的な資質、強味）を基にして理想の教師像を考えていくのです。

教育の世界では、足りないものに注目し、そこを補おうとする取り組みがされがちなように思います。それはセリグマンの「これまでの心理学の分野がトラウマや欠陥を克服することに焦点を当ててきた」という問題提起にもあります。大切なのは、コルトハーヘンの言う「誰もがコアクオリティを備えている、それを発揮することで効果的に仕事をしたり学んだりできる」ということです。これは教育に関わる立場としてはもちろん、自らのキャリア形成を考えるときに忘れてはいけないことだと思います。このように考えると、この実践は実は現職の教員、いや教員に限らずすべての大人にとっても重要な実践なのです。

リフレクション（振り返り）の可能性を改めて考える

村井先生のご専門が教師教育やリフレクションということもあるでしょうが、本実践は振り返りの可能性の大きさも示しています。

ヒーローインタビューで最近起こったプラスの出来事を話す場面があります。状況を思い出し、なぜうまくいったのかを考えるプロセスは振り返りに他なりません。またその後他者からもらったコアクオリティを眺めることで、必ず自分を見つめ直します。その後、理想の教師像を考えていくのですが、どんな教師になりたいのかを考えるときに必ず、これまでの自分の学びや出会ってきた先生のことを振り返ります。こうしたプロセスを経てできた学びの樹だからこそ大学生の宝物になるのでしょう。

村井先生も書かれていますが、学びの樹は変化し成長します。その変化に大学生が自ら気づき、自分自身の成長を実感する、これはキャリア・パスポートに通じるものではないでしょうか。このように本実践は振り返りという言葉を使わない振り返りの実践で、振り返りが反省ではなく未来につながることを体現しているのです。

巻末座談会

探究・キャリア教育のこれまでとこれから

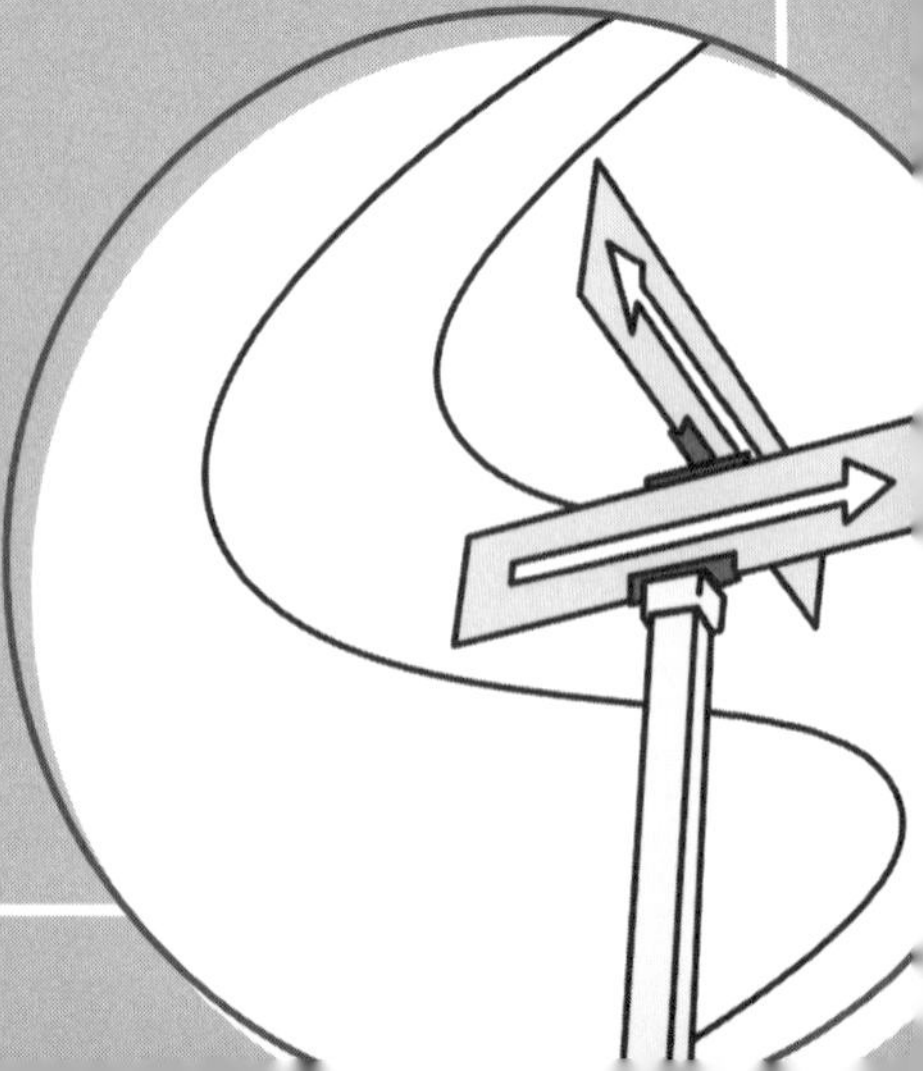

座談会参加者一覧

酒井　淳平（立命館宇治中学校・高等学校）
宮原　清（福岡県立西田川高等学校）
山下　真司（株式会社ベネッセコーポレーション、独立行政法人教職員支援機構　フェロー）
辻本　義広（追手門学院中・高等学校）
南朴木里咲（早稲田大学　学生）
藤枝　樹亜（立命館大学　学生）

キャリア教育が求められた社会的背景

酒井：今日はお集まりいただきありがとうございます。今日は探究やキャリア教育のこれまでとこれからについて語り合えたらと思います。メンバーは高校でのキャリア教育について様々な立場から取り組まれてきた４人と、立命館宇治が探究とキャリア教育を核としたカリキュラムを実践し始めたときに生徒だった２人です。まずは宮原先生、ここ10年を振り返っていただけますか。

宮原：10年ではなく、もう少し長いスパンで考えると、平成８年以降の進路指導は、マッチング指導の色合いが強かったと思います。自分は何が向いているのか、まわりにはどんな大学があって何が学べるのか、この大学に行くとどういうところに就職できるのか。平成初期に進学校にいた頃、こうしたことをまずは接続しようというような指導をしていた記憶があります。２０１０年あたりからキャリア教育という言葉が明確に言われるようになり、その当時はキャリア教育の必要性の根拠としてフリーター対策が言われていました。でも自分はそれには疑問がありました。当時は就職氷河期で、福岡でも各大学の就職状況が悪く、その状況には危機感を感じており、たしかに採用の数が少ないことが就職状況の悪さにつながっていたことはあると思うのですが、それだけが原因とは思っていませんでした。大学生が就職活動に至るまでの間に、真剣に自分のことを振り返る経験や、社会状況をふまえて、**自分が社会の中でどのように生きていくのかを考えることを自分事として考えさせていなかったところにも原因がある**ように感じていました。でも、自分のこの思いは当時の進学校や大学の先生には伝わらず、それが悔しかったですね。自分はフリーター対策がきっかけになって、より多くの人がこうしたことに気づいたと思っています。そこからキャリア教育が広がり、アクティブ・ラーニングの必要性が言われ出しました。

山下：私は大学卒業後リクルートに入社しました。当時はバブルの最後のときで売り手市場。学生は就職する企業を選べる時代でした。しかし、そこからわずか数年で一気に就職環境が悪くなりました。当時は大学生の就職を支援する部署にいたのですが、そのときに痛感したのが、大学生がみんな自分探しに奔走していたこと。自分って何者だろう、いったい何がしたいんだろうということを就職活動ではじめて考え、自分探しの森に入って出てこれない学生や、海外旅行をするなど、いわゆる「ネタづくり」をする学生が多かったですね。そんな状況を見て、**キャリアっていつ考えればいいんだろう、そもそもキャリアって何だろう**と思っていました。その後、大学生からキャリアを考えるのは遅いと感じ、自己申告制度を活用して高校生の進路指導を支援する部署に移ったという経緯があります。

酒井：お２人のお話で平成初期から２０１０年までのあたりのことが振り返れたように感じますね。では辻本先生、これらをふまえてお願いします。

２０１０年代以降の学校現場を振り返る

辻本：自分は教員20年目。前半の10年と後半の10年を分けると今日のテーマになると思います。後半の10年は、いかにして進学実績を出すかということだけが教育の目的になっていることに疑問をもち、いろいろ取り組みをした10年間。内田樹先生も「プレジデントオンライン」のインタビューで言及されていますが、学校が総括的なテストを課して、その成績で順位付け・他者との比較・評価・査定を行って格付けをする機関になり、本来の学校の役割とは何なのかを考えるようになりました。いわゆる詰め込み型で、テスト・課題漬け、進度重視、学習時間重視、放課後の強制補習など、学びを苦行化していたことへの疑問、画一的な（工業的な）ものに対する疑問をもち始め、様々なことに取り組んできた10年でした。

酒井：辻本先生、最初の10年はどんな指導をされていたのですか？

辻本：ゴリゴリ強制的に受験学力を付けるだけの指導です。進路指導や学習領域の責任者をしており、いかに大学合格実績を出すか、偏差値を上げるか、それが教育の成果だと考え、教育を行ってきました。卒業生がここにいて、自分が話しているのを聞いたら「どの口が言うてるねん」って思うのでは（笑）。そんなときに、キャリア教育やアクティブ・ラーニングが言われ出し、教育の流れが変わろうとし始めました。自分は新しい言葉が登場すると「何のために」が抜け、「なぜそれをするのか」ではなく「どうするのか」ばかりが議論されてしまうように感じています。ゆとり、キャリア教育、アクティブ・ラーニング、今なら探究。本質を理解しようとしない現場の教員が多く、ハウツーだけが広がってしまうからうまくいかないという現象がここ10年起こっているのではないでしょうか。ここで必ず言われるのが「二項対立」。「探究なのか受験学力なのか」「認知能力か非認知能力か」などがそれ。**どちらも正しくどちらも必要なのに、新しいものが入ってくるたびに二項対立が起こり、本質が語られずに、現場も苦しくなる。**その結果変わらない。ここ10年これを繰り返しているのではないでしょうか。

酒井：今までの話を聞いて、大学生2人はどう思いましたか。

南朴木：自分は大学附属校にいたこともありますが、中学・高校と大学入試のための教育ということはなかったです。キャリア教育という面では、中学生の頃から高校や大学を見据えて考えていたと思う。キャリアという面では先を見据えて過ごして来れたんだなと思いました。

藤枝：自分は大学の友人を見て、「とりあえずインプットして」よりよい大学に行くためだけの勉強をしてきた」という人が多いように感じます。だから、「大学に来てから急に何かをしろと言われても空っぽのままで来たから何もない」という悩みをもっている人も少なくないです。大学に入ることだけを目的にして、そこで何をするのかは考えてこなかったんだろうなと思うときがあります。何かをしたいから入学するというよりも、人生のそれぞれのステージで、とりあえずそのときの一番いいところに入ることだけを目的にしている学生の方が圧倒的に多いということを大学に入って知りました。その点で高校がまだまだ受験だけを目標にしている面はあるのかもしれないと思います。

酒井： 2010年あたりから、学校ではキャリア教育をしなければいけないと言われることが増えたように感じています。それから少ししてアクティブ・ラーニング。教員ではない立場で全国各地の高校を見られてきた山下さんはどう感じられていましたか？

山下： 2010年からを考える前に、熱心な受験指導がされてきた背景も押さえる必要がありますね。山一証券の廃業が1997年、リーマンショックが2008年。日本経済がバブル崩壊して経済が大きく揺れた時代です。そんな中で「勉強して、いいと言われる大学に入学し、知名度のある企業に就職、そして終身雇用でいい人生を送る」という誰もが疑わなかった神話が崩れていきました。先行きが見通せない社会の中でどう生きていくのかを考えることの重要性が問われるようになっていきました。そんな中で2010年代半ばには現行の学習指導要領の議論が始まり、資質・能力の３つの柱が謳われたのですが、先生方に注目されたのはアクティブ・ラーニングというカタカナ言葉。当時、アクティブ・ラーニングとは？　どんな授業をすればいいのか？　と、学校現場は混乱に陥りましたね。

宮原：自分が教頭になったのが２０１３年。今振り返ると、今の学習指導要領の原型はあの頃にできていて、学力の資質・能力の観点もベースができたのがこの頃だったのではないでしょうか。評価が今変わろうとしていますが、その足掛かりもこのときでしたね。

酒井：マッチングではなくキャリア教育。授業は大学受験のためにやらされるものではなく、生徒が主体的に学ぶきっかけになる時間。それがアクティブ・ラーニング。生徒は高校卒業までに自分が学びたいテーマや、生きていく世界を決めていく必要があり、そのきっかけになる探究。この流れは必然に思いますが、どうですか？

辻本：たしかにそうだけど、現状はまだまだ現場が変化していないとも思います。受験指導重視であることも間違いないし、大学入試も変化の途上です。先日、合同学校説明会があったのですが、各学校が掲示している後ろのポスターは進学実績ばかりでした。それが求められているということもあるものの、何を言われても変われないという現状はあります。

酒井：そんな中で辻本先生が変わったきっかけは何だったのですか？

辻本：自分自身、キャリア教育が言われ出したときは、「文科省は何か言ってるけど…」と思っていたかもしれません。ただそんなときにクラスの生徒たちが疲弊している状況を見ました。点数や結果に対するプレッシャーが生徒に与える影響も大きくなって、これはまずいと思い始めたんですね。そんなときにアクティブ・ラーニング、企業探究のようなものが出始めていました。試しに企業からお題をもらう学習をやってみると、あれだけ疲弊していた生徒たちがすごくいい表情で学び始めました。授業が終わってからの言葉は「疲れた」で、それは今までと一緒。でも今までの「疲れた」は本当に疲れていて、休み時間は寝るだけ。企業探究をすると、「疲れた」という生徒たちは笑顔です。休み時間も放課後も授業のことを話している、そんな様子を見て、教育の本質はここだと思いました。苦行や修行の場ではなく、安心して楽しんで学べる場をつくることが大切なのだろうと。そう思ってアクティブ・ラーニング型と言われている授業、自分を知るという意味のキャリア教育をされている先生、そんな実践を見始めました。たしか2015年度ごろだったと思います。そこでの生徒の様子を見て、自分の考えに確信のようなものをもちました。振り返ると、自分は文科省に言われたからではなく、**たまたま文科省の教育の流れに自分のモヤモヤが重なり、様々な人とのご縁や出会い、つながりもあって化学反応が起こったん**ですね。

酒井：生徒が夢中になれる学びや人との出会い、自分自身を知ること、そういうことを通じて自分の世界を広げていくこと。こうしたことが大事だというのは本当にそう思います。受験はそうしたことの実現の妨げのように言われることもありますが、学習動機にもなり、目標設定しやすい面もあります。辻本先生が言われていることは、実は受験に関係なくすべての高校に共通して大事なことだと感じます。ここで卒業生2人に聞いてみましょう。高校のときの学びや、今につながっていることについて語ってください。

キャリア教育の重要性をふまえて、これからの学びを考える

南朴木：自分が中学に入学したのが2015年。小学校高学年で総合が変化したことを覚えていますが、その背景にある歴史やその中で先生たちも試行錯誤されていたことを感じました。正直、小学校の頃はインターネットで検索して見つけた情報を、ただポスターにするだけだった記憶があります。中学に入ってからは、情報を取捨選択する力を付けることができました。自分は小学校の頃にテレビでホワイトハッカーというものと出会い、憧れて目標にしてきました。理系を目指したのも、留学したのも、今の大学も、その目標に従ってのことです。キャリア教育があったからこそ、大学の先を見据える生き方ができていたと思います。それは運よく小さい頃にやりたい仕事と出会えたから。その後はどうすればそれが実現できるのか、情報の取捨選択をして今に至っています。でも運だけでは難しいから、**探究の時間やキャリ**

ア教育で情報の取捨選択をしていくのが大事ですよね。自分の中でも高校の授業が大事だったと改めて思います。

藤枝：自分は今も南朴木さんのような明確な夢はないし、就職はするけど、その会社でずっと働くかどうかも現時点ではわかりません。「夢をもたないといけない」と言われることには違和感がありました。そんな自分だからこそ、自分の内側に対しての質問をされたのが今につながっているように思います。例えば探究の授業でプリントに、好きなこと（もの）と、嫌いなこと（もの）を5分書く時間がありました。そのときはそこから興味ある社会課題を考えたりしたけど、そのように少しずつ自分について聞かれることが多かったです。正直面倒だったし、自分のことを聞かれるので気恥ずかしい思いもありました。でも「そんなんわからない」と言いたくなるところを、ちょっとずつ小さな針で突いてもらったから、その段階なりに漠然とでも人生について「こんなことしたいな」とか思えました。まわりを見ていて、就職活動のときに答えを外側に探しに行く人が多いけど、自分はそうでなく、**「こんなふうに育ってきて、こういうことを大切にしたい」って自分の中に答えを見つけていました**。高校では「自分の中を見ろ」って3年間言われていた気がします。

酒井：先生方、2人の話への感想や質問などをお願いします。

山下：藤枝さんや南朴木さんの話は心に響くものがありました。自己対話する機会ってあるようでない。自分が就職支援をしていたころは、みんな答えを外に探していました。よく「適職が見つからないんです」って大学生は言っていたけど、適職なんて転がっているわけではありません。「最初から適職なんてなく、適職にしていく力が求められる」って話していました。今は自己対話をするということが早期から求められてきています。宮原先生が冒頭でフリーターの話をされていたけど、みんなが生き方に迷い、社会に対する答えの1つがフリーターだった気がします。そういう意味で**探究もキャリア教育も自分に向き合っていく学びが求められています**。授業も二項対立でなく、知識を使ってどう思考していくかだし、教室と社会がつながるのかが問われているように思います。

宮原：南朴木さんの言った「情報の取捨選択」が自分に響きました。そもそも知識を組み合わせた思考が探究やこれからの社会で求められる力だとすれば、情報の取捨選択が大事。取捨選択をするときにその人の経験や価値観が背後にある。人には限界があり、すべての知識を頭に入れておくのは不可能です。入試はその不可能なことを聞いている面もあります。アクティブ・ラーニングが言われ始めたのは、大学の質的改革答申の後ですが、その頃の大学は、ちゃんと就職して仕事をしていく力を育てられるのかが問われ、大学の学びが変わろうとしていました。その時期に高校の就職担当の先生が「資格をきちんと取って、評定もいい生徒がこの企業に合格しなかった」とショックを受けていました。「先生、これからは知識を生かせるかどうかが問われている時代ですよ」と話をした記憶があります。大学も高校も行き詰まりを感じ、学びを変えないといけないと思っていました。辻本先生はそのときに高校生の実態から学びに限界を感じられていたんですね。最終的には大学が変わるのかも今問われていると思います。入学者選抜の本質的な変容も問われているのでしょう。藤枝さんの「自分の中を見ろ」も本当にそうだと思いますし、自分も生徒たちにその指導をしてきました。熊本に小論文指導で有名な先生がおられますが、その先生も自分の中にあることを書かせることから指導を始められていました。**人間はみな自分の中に興味があるし、それを言語化していくことが重要**です。

　ところで藤枝さんに質問ですが、自分の中を見るようになった具体的な出来事やきっかけはありますか？

藤枝：高校の探究の授業で、最後に卒業論文を書くことがありました。SDGsの授業でもやりたいプロジェクトを決めるということがありました。そのようなコンテンツとして重いものが後半に待っていたんですね。そのときに、本当に自分が好きなものをテーマにしないとやりきれないなと思って、「自分は何だったら興味をもってやりきれるだろう」と考えました。

宮原：それは藤枝さんがもってる資質・能力だと思うし、すべて高校生がそうなるわけではないかもしれないけど、そのきっかけを与えられてるのはすごいですね。

辻本：２人が共通して言っていた、自分を振り返って、価値観を考える。これはキャリア教育、アクティブ・ラーニング、探究に共通して言える本質ではないでしょうか。自分のものの見方・考え方や価値観を広げるということが大事だと思います。各学校でどんな形の探究をされていても、家と学校の往復しかしていない高校生にいきなり社会課題を自分事にするのは難しく、何か自分が没頭できるものを見つけることが大事です。そのときに没頭できるカリキュラムの余白はあるのかとも思います。そして**自分のことを知り、選択肢を広げていくというところにすべての教育活動のベクトルが向いていく必要があるのではないでしょうか。**

酒井：２人の学びやコメントへの感想がこれからの教育の在り方につながるものが多かったようにパターン学習になりがちな数学でもこの方向性を意識することではないかと思いました。

思います。２人はコメントを聞いてどう思いますか？

南朴木：没頭できる時間があるのかって大切な問いだと思いました。自分自身、ＯＥＣＤ・文科省との共同プロジェクトに参加し、そのときに部活をやめるという決断をしました。プロジェクトを進める中で、他の学校の生徒は、まわりから「受験の邪魔になる」と活動を否定されている人もいました。こういうプロジェクトが認められていくことも大切だと思います。プロジェクトの中で、人が変わる瞬間は、自分とまったく違う価値観の人と出会い、その経験を振り返るときだと思いました。教育や学校は、内にこもりやすい面があるとも思います。

先生も家と学校の往復だけだと、指導法を変えるチャンスもありません。外部の人、非日常でしか出会えない人と会うことは、自分の価値観を形成する大切な時間です。だからこれからの教育はお互いの外の人からの刺激で変わっていくということが大切だろうと思います。

藤枝：改めて、先生たちもこんなに悩んで、試行錯誤してるんだと思いました。自分が大学に行って高校までと違うと思ったのは、外の世界の人を入れること。高校はあまり学校外の関係者を入れないように思います。大学では、教育以外の業界の人もいっぱいいるので、もう少し高校生に違う世界を見せてあげれたらいいな。自分はコア探究1期生なので、酒井先生たちが試行錯誤してるのを見ていたけど、それがよかったと思います。教育はこれが正解と思いがちですが、「自分たちも悩んでて、今はこうしてる」みたいな流動性みたいなものを感じながら一緒につくっていけたら、お互いにもっと広い視点を得られると思います。

未来の教育を考える

酒井：2人が未来の教育についても話してくれましたが、ここらで次期、2030年の学習指導要領についてコメントいただけますか？　まずは宮原先生、お願いします。

宮原：2030年はもっと変わると思います。教育の世界に垣根があることが、思考の狭さを象徴している気もします。コンテンツベースで学ばないといけないことを超えて、違うものの見方や考え方と出合う機会、リアルに違う情報と出合える仕掛け、そのことを活用しながら高校・大学と過ごせるような環境が大事ですね。そうすれば、学び方が変わるし、アウトプットも変わってきます。それをどう活用するかが次の高大接続のきっかけになるでしょう。

辻本：今の2人の話を聞いたときに、2人には多様性を受け入れるだけの度量があると感じました。実は今の高校生は多様性を受け入れにくく、同一性を求めていると感じることがあって、それは画一的な教育、みんな同じでなければならないという価値観にもよると思います。画一的からの脱却が次のポイントでしょう。また、全日制普通科には限界があるのではないかと思うこともあります。その枠組みの中だけでカリキュラムを考えていくのは難しいのではないでしょうか。探究やアクティブ・ラーニングなどの言葉が現場に浸透しても、画一的というところの限界はあるので、カリキュラムや時間割も大きなポイントになる気がします。

山下：私は、これからの10年、20年を考えると、学習指導要領の10年改訂が本当に今の時代に合っているのだろうかと思うことがあります。10年待たずに、年度更新があってもいいのかもしれません。コンテンツベースとコンピテンシーベースはどちらも必要で、大切なのは知識の活用であり、活用する自分自身がどうなのかということ。これから学びの環境（場づくり）も変わっていくのではないでしょうか。ある学校の普通科改革プロジェクトでは、卒業生や地域の方も入り、「そもそも普通科とは何か」から議論されています。大多数を普通科でまとめてしまうことには違和感もあります。自分を主体に生きていくような、そんな学びのシステムに変わっていくのが、次かどうかわからないけどこれからの学習指導要領の流れでしょう。そう変わっていってほしいなあ、と個人的に思っています。

酒井：対談の後半ではあえてキャリア教育という言葉を使わなかったですが、山下さんの最後のまとめはキャリア教育そのもので、他のみなさんの発言もキャリア教育がカリキュラムの核にあることを言われていたように感じています。いろんな世界の中で他者と出会いながら学んでいくことや、その学びを振り返ることで、自分自身を理解し、選択肢を広げていく。これらが今日のお話の中で共通したキーワードだと感じました。最後に言い残したことなどあればお願いします。

山下：キャリア教育は高校時代に成果が出るものではないと改めて感じました。生徒が生きていく中でずっとつながっていくものこそ、キャリア教育なのでしょう。そういう意味では授業も総探も特活もすべてがキャリア教育だと私は思っています。

宮原：本校が定時制・単位制ということもあるが、辻本先生が言われることに共感します。大勢の生徒を同じ場所に同じ時間詰め込んで学ばせるという限界はあって、自分で学びたいときに学びたいことが学べるような仕組みが大切ではないかと思います。東京都の麹町中学校元校長の工藤先生の取り組みや単位制なども1つの試みでしょう。これらが例外ではなく、積極的にこうした教育課程が編成されていくことが重要だと思います。

南朴木：昨年、ギガスクール構想によってどのように教育が変わったのか、サイバーセキュリティーが果たす役割はという研究をしていました。その中で国際的な会議では、日本が国としてG−GAスクール構想を実施しているのはすごいことだと他国から評価をされていることを知りました。しかし自治体による差が大きいという現実もあります。今の研究ではその先を考えています。不登校の生徒がメタバースで学べる仕組みがありますが、もしかしたら全生徒がメタバースで授業を受ける時代も来るのではないかと、本日の対談で感じることができました。もっと未来の教育を研究していきたいと思います。

藤枝：自分はコーチング的にいろんな学校のサポートをしていて、その中で教育が変わろうとしていることを目の当たりにしています。自分がそのような教育を最初に受けてきた人でもあるので、その経験も少しずつ高校生に伝えられたらいいなと思います。これからも何らかの形で教育に関わり続けていきたいです。

酒井：本日はありがとうございました。キャリア教育をキーワードに、その歴史もふまえながら、これからの教育の在り方まで語り合えて大変有意義な時間でした。また再会してお互いの取り組みを報告したいですね。再会を期待しつつ座談会を終わります。

【執筆者一覧】

酒井　淳平　立命館宇治中学校・高等学校　序章・第1章・第2章
山下　真司　株式会社ベネッセコーポレーション　第1章—7
石井　英真　京都大学　第2章—1
平川裕美子　福岡県立八女農業高等学校
吉岡　拓也　文部科学省
　総合教育政策局地域学習推進課
大槻　裕代　京都府与謝野町教育委員会
梨子田　喬　西大和学園中学校・高等学校
溝上　広樹　崇城大学総合教育センター
神谷　百恵　沖縄県立北中城高等学校
長谷川　涼　名古屋市立高等学校
　キャリアナビゲーター
上井　　靖　A-sessions 代表
　愛知みずほ大学
山田　将平　認定特定非営利活動法人カタリバ
横山　和毅　認定特定非営利活動法人カタリバ
新澤津純輝　立命館小学校
鷲見　秋彦　立命館小学校
村井　尚子　京都女子大学
中森　一郎　福井大学